くもんの小学ドリル
がんばり1年生
学しゅうきろくひょう

名まえ

1　2　3　4　8

9　10　11　12　13　14　15　16

17　18　19　20　21　22　23　24

25　26　27　28　29　30　31　32

33　34　35　36　37　38　39　40

41　42　43　44　45　46　47

1さつ　ぜんぶ　おわったら、
ここに　大きな　シールを
はりましょう。

あなたは
「くもんの小学ドリル　さんすう　1年生すう・りょう・ずけい」を、
さいごまで　やりとげました。
すばらしいです！
これからも　がんばってください。

10までの かず ①

はじめ	
じ	ふん

▼

おわり	
じ	ふん

月（がつ）　日（にち）　なまえ

1 ●の かずを かぞえて, □の なかに すうじを かきましょう。

〔□1つ　3てん〕

① | 1 | | | | |

② | | | | | れい 0 |

③ | | | | | |

④ | | | | | |

1

2 したの ふうせんや ひよこの かずを □に かきましょう。

〔1もん 4てん〕

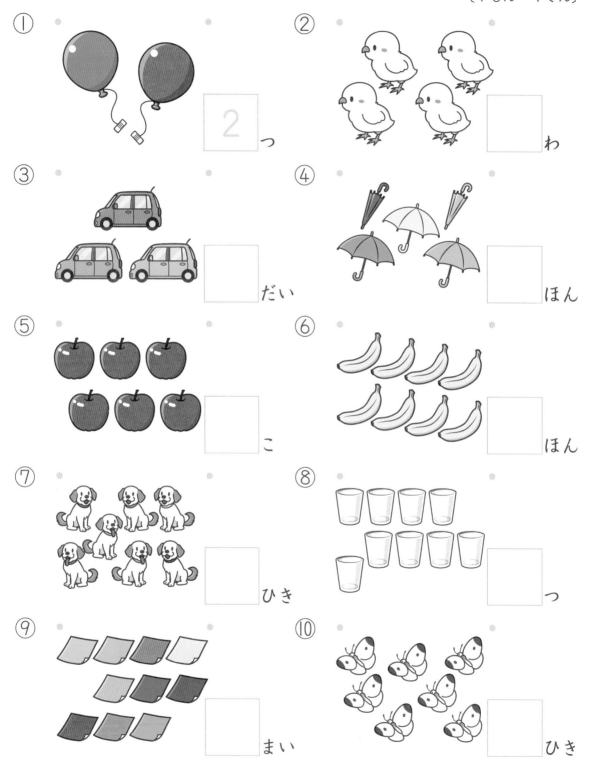

① □2 つ

② □ わ

③ □ だい

④ □ ほん

⑤ □ こ

⑥ □ ほん

⑦ □ ひき

⑧ □ つ

⑨ □ まい

⑩ □ ひき

10までの かずを ただしく かこう。

とくてん

てん

10までの かず ②

1 したの ねこや ふうせんの かずを □に かきましょう。

〔1もん　8てん〕

①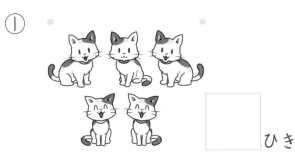

□ ひき

②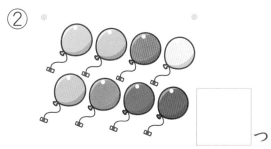

□ つ

③

□ こ

④

□ わ

2 ひだりの かずだけ ○を ぬりましょう。　〔1もん　8てん〕

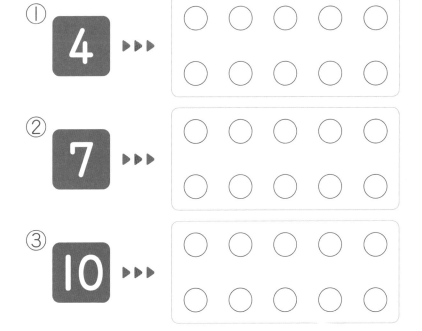

① **4** ▶▶▶

② **7** ▶▶▶

③ **10** ▶▶▶

③ ●の かずを かぞえて, □の なかに すうじを かきましょう。

〔□1つ 5てん〕

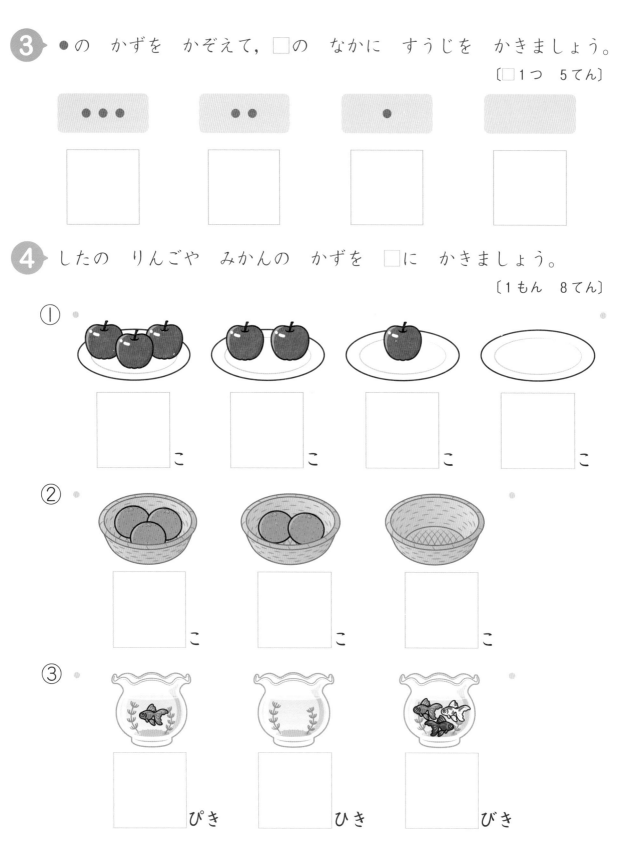

④ したの りんごや みかんの かずを □に かきましょう。

〔1もん 8てん〕

①

②

③ ┃ ぴき ┃ ひき ┃ びき

©くもん出版

10までの かずを ただしく おぼえよう。

とくてん

4 　　　　　　　　　　　　　　　　　　　　　　　　　　　　てん

3 10までの かず ③

月 日 なまえ

むずかしさ
★

1 □に あう かずを かきましょう。 〔1もん 6てん〕

① | 1 | 2 | 3 | | |

② | 6 | 7 | 8 | | |

③ | 10 | | | 8 | 7 | |

④ | 4 | 3 | 2 | | |

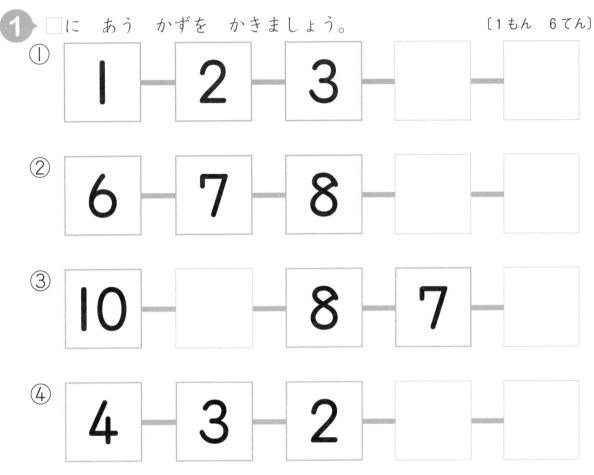

2 □の なかに じゅんに かずを かきましょう。 〔1もん 9てん〕

①

| | | 3 | 4 | | | 7 | 8 | |

②

| | 9 | | | 6 | 5 | 4 | 3 | |

3 □に あう かずを かきましょう。　〔1もん　6てん〕

① 2 — 4 — 6 — 8 — □

② 2 — □ — 6 — □ — 10

③ 2 — 4 — 6 — □ — □

4 じゅんに すうじが ならぶように □に あう かずを かきましょう。　〔1もん　8てん〕

① 1 2 3 □ □ □ □ □ □

② 1 □ 3 □ 5 □ 7 □ 9 □

③ □ 2 □ 4 □ 6 □ 8 □ 10

④ 2 4 6 □ □

⑤ 3 2 □

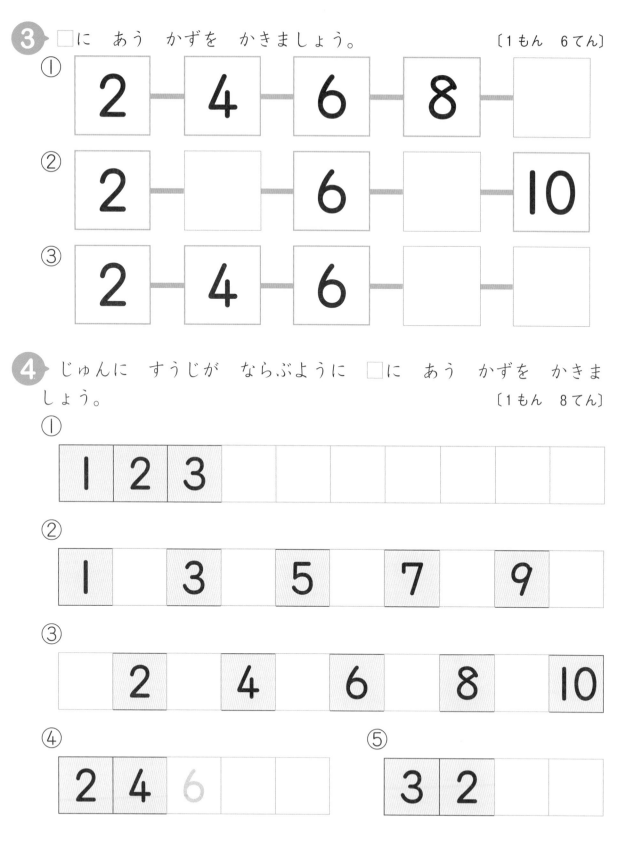

10までの すうじの ならびかたを おぼえよう。

とくてん

てん

6

10までの かず ④

はじめ
　じ　　ふん
▼
おわり
　じ　　ふん

むずかしさ

★

月　日　なまえ

1 どちらが おおいでしょうか。おおい ほうの （　）に ○を
かきましょう。　　　　　　　　　　　　　　　〔1もん　6てん〕

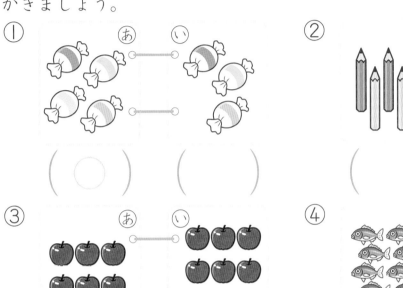

①　　　　　　　　　②

（　　　）　（　　　）　　　（　　　）　（　　　）

③　　　　　　　　　④

（　　　）　（　　　）　　　（　　　）　（　　　）

2 ●は どちらが おおいでしょうか。おおい ほうの （　）に
○を かきましょう。　　　　　　　　　　　　〔1もん　6てん〕

①

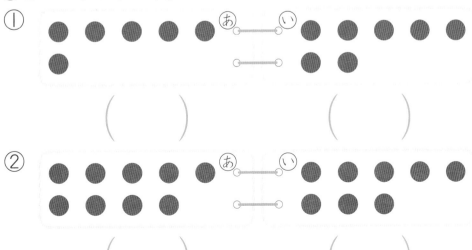

（　　　　　）　　　　　（　　　　　）

②

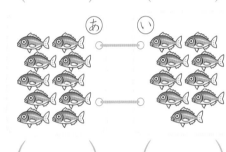

（　　　　　）　　　　　（　　　　　）

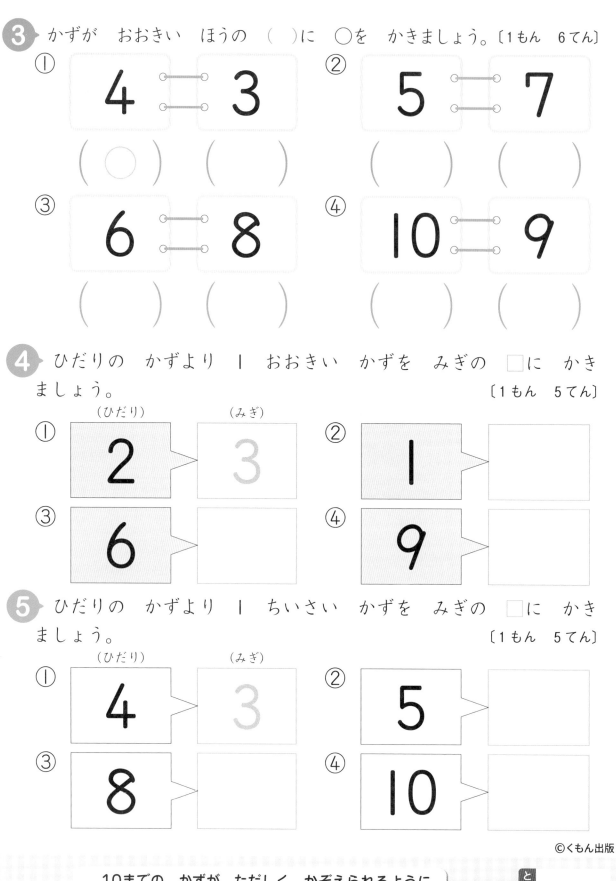

3 かずが おおきい ほうの （ ）に ○を かきましょう。〔1もん 6てん〕

① 4 — 3

(◯) ( )

② 5 — 7

( ) ( )

③ 6 — 8

( ) ( )

④ 10 — 9

( ) ( )

4 ひだりの かずより 1 おおきい かずを みぎの □に かきましょう。〔1もん 5てん〕

① (ひだり) 2 (みぎ) 3

② 1

③ 6

④ 9

5 ひだりの かずより 1 ちいさい かずを みぎの □に かきましょう。〔1もん 5てん〕

① (ひだり) 4 (みぎ) 3

② 5

③ 8

④ 10

10までの かずが ただしく かぞえられるように れんしゅうしよう。

とくてん

てん

5 10までの かず ⑤

月 日 なまえ

1 ぼうしを かぶって ならんで います。 〔1もん 10てん〕

① まえから 3にんの ひとの ぼうしに いろを ぬりましょう。

←（まえ）

② まえから 3にんめの ひとの ぼうしに いろを ぬりましょう。

←（まえ）

2 じどうしゃが 1れつに なって はしって います。

〔1もん 10てん〕

① まえから 4だいの じどうしゃに いろを ぬりましょう。

② まえから 4だいめの じどうしゃに いろを ぬりましょう。

③ まるが かいて あります。　　　　　　　　　　〔1もん 10てん〕

① ひだりから 5つの まるに いろを ぬりましょう。

(ひだり) ◯ ◯ ◯ ◯ ◯ ◯ ◯ (みぎ)

② ひだりから 5つめの まるに いろを ぬりましょう。

(ひだり) ◯ ◯ ◯ ◯ ◯ ◯ ◯ (みぎ)

④ カップが かけて あります。　　　　　　　　　　〔1もん 10てん〕

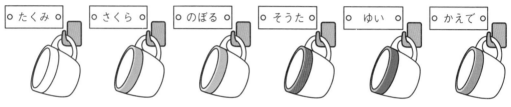

① のぼるさんの カップは, ひだりから なんばんめですか。

(3ばんめ)

② ゆいさんの カップは, みぎから なんばんめですか。

(　　　　　　　)

③ みぎから 3ばんめの カップは, だれの ものですか。

(　　　　　　　)

④ ひだりから 2ばんめの カップは, だれの ものですか。

(　　　　　　　)

なんばんめを ただしく おぼえよう。

とくてん

10　　　　　　　　　　　　　　　　　　　　　　　　　　　てん

10までの かず ⑥

はじめ
じ ふん
おわり
じ ふん

むずかしさ
★★

月 日 なまえ

1 ●の かずが ぜんぶで 5に なるように ●を かきましょう。

〔1もん 3てん〕

①    ②

③    ④

2 ひだりと みぎの ●の かずが ぜんぶで 5に なるように，みぎの □に ●を かきましょう。

〔1もん 3てん〕

①

②

③

④

3 ひだりの ●の かずと みぎの すうじが あわせて 5に なるように，□に あう かずを かきましょう。

〔1もん 3てん〕

①    ②

③    ④

4 □に あう かずを かきましょう。　　　　〔1もん　3てん〕

① 5 は 3 と 2　　　② 5 は 1 と □

③ 5 は 4 と □　　　④ 5 は 2 と □

⑤ 5 は 3 と 2　　　⑥ 5 は □ と 4

⑦ 5 は □ と 1　　　⑧ 5 は □ と 3

5 □に あう かずを かきましょう。　　　　〔1もん　4てん〕

① 5は 2と □　　　② 5は □ と 3

③ 5は 3と □　　　④ 5は □ と 2

⑤ □ は 2と 3　　　⑥ 5は 4と □

⑦ 5は □ と 1　　　⑧ 5は 1と □

⑨ 5は □ と 4　　　⑩ □ は 1と 4

まちがえた もんだいは, もう いちど やりなおして みよう。

とくてん

てん

10までの　かず　⑦

はじめ
じ　　ふん
▼
おわり
じ　　ふん

むずかしさ

1 ●の　かずが　ぜんぶで　6に　なるように　●を　かきましょう。

〔1もん　2てん〕

①　

②　

③

④

⑤

2 ひだりと　みぎの　●の　かずが　ぜんぶで　6に　なるように,
みぎの　□に　●を　かきましょう。　　〔1もん　3てん〕

①　　と

②　　と

③　と

④　と

⑤　と

3 ひだりの ●の かずと みぎの すうじが あわせて 6に
なるように, □に あう かずを かきましょう。 〔1もん 3てん〕

① ● ● ● ● ●　と　| 1 |　　② ● ● ● ●　と　□

③ ● ● ●　と　□　　④ ● ●　と　□

⑤ ●　と　□

4 □に あう かずを かきましょう。 〔1もん 4てん〕

① 6 は 4 と 2　　② 6 は 3 と □

③ 6 は 1 と □　　④ 6 は 5 と □

⑤ 6 は 2 と □　　⑥ 6 は □ と 3

⑦ 6 は □ と 5　　⑧ 6 は □ と 1

⑨ 6 は □ と 2　　⑩ 6 は □ と 4

5 □に あう かずを かきましょう。 〔1もん 4てん〕

① 6は 1と □　　② 6は 2と □

③ 6は 3と □　　④ 6は □ と 5

⑤ □ は 4と 2

まちがえた もんだいは, もう いちど やりなおして
みよう。

とくてん

14　　てん

10までの かず ⑧

はじめ

じ　ふん

▼

おわり

じ　ふん

むずかしさ
★★

月　日　なまえ

1 ●の かずが ぜんぶで 7に なるように ●を かきましょう。

〔1もん　3てん〕

① ② ③ ④ ⑤ ⑥

2 ひだりと みぎの ●の かずが ぜんぶで 7に なるように, みぎの □に ●を かきましょう。　　〔1もん　3てん〕

① と
② と
③ と
④ と
⑤ と
⑥ と

©くもん出版
15

③ ●の かずと すうじが あわせて 7に なるように, □に
あう かずを かきましょう。　　　　　　　　　　〔1もん　2てん〕

① ●●●●● ● と ｜　　　② ●●●●● と □

③ ●●●● と □　　　　　④ ●●● と □

⑤ ●● と □　　　　　　⑥ ● と □

④ □に あう かずを かきましょう。　　　　　　〔1もん　3てん〕

① 7 は 6 と □　　　　② 7 は 4 と □

③ 7 は 1 と □　　　　④ 7 は 3 と □

⑤ 7 は 2 と □　　　　⑥ 7 は 5 と □

⑦ 7 は □ と 2　　　　⑧ 7 は □ と 4

⑨ 7 は □ と 5　　　　⑩ 7 は □ と 1

⑪ 7 は □ と 3　　　　⑫ 7 は □ と 6

⑤ □に あう かずを かきましょう。　　　　　　〔1もん　4てん〕

① 7は 5と □　　　　　② 7は 3と □

③ 7は □ と 3　　　　　④ □ は 1と 6

まちがえた もんだいは, もう いちど やりなおして
みよう。

とくてん

16　　　　　　　　　　　　　　　　　　　　　てん

10までの　かず　⑨

むずかしさ
★★

1 ●の　かずが　ぜんぶで　8に　なるように　●を　かきましょう。

〔1もん　2てん〕

① 　②

③ 　④

⑤ 　⑥

⑦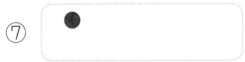

2 ひだりと　みぎの　●の　かずが　ぜんぶで　8に　なるように，
みぎの　□に　●を　かきましょう。　〔1もん　2てん〕

① 　と　

② 　と　

③ 　と　

④ 　と

⑤ 　と

17

❸ ●の かずと すうじが あわせて 8に なるように, □に
あう かずを かきましょう。　　　　　　　　　〔1もん　3てん〕

① [●] と 7

② [● ●] と [ ]

③ [● ● ●] と [ ]

④ [● ● ● ●] と [ ]

⑤ [● ● ● ● ●] と [ ]

⑥ [● ● ● ● ● / ●] と [ ]

❹ □に あう かずを かきましょう。　　　　　　　〔1もん　3てん〕

① 8 は 2 と 6

② 8 は 3 と [ ]

③ 8 は 4 と [ ]

④ 8 は 6 と [ ]

⑤ 8 は 7 と [ ]

⑥ 8 は 1 と [ ]

⑦ 8 は 5 と [ ]

⑧ 8 は [ ] と 2

⑨ 8 は [ ] と 3

⑩ 8 は [ ] と 7

⑪ 8 は [ ] と 1

⑫ 8 は [ ] と 5

⑬ 8 は [ ] と 2

⑭ 8 は [ ] と 6

❺ □に あう かずを かきましょう。　　　　　　　〔1もん　4てん〕

① 8は 6と [ ]

② 8は [ ] と 3

③ [ ] は 2と 6

④ [ ] は 4と 4

©くもん出版

まちがえた もんだいは, もう いちど やりなおして
みよう。

とくてん

18　　　　　　　　　　　　　　　　　　　　　　　　　　　　てん

10

むずかしさ

★★

がつ にち なまえ
月 日 なまえ

1 ●の かずが ぜんぶで 9に なるように ●を かきましょう。

〔1もん 2てん〕

① ②

③ ④

⑤ ⑥

⑦ ⑧

2 ひだりと みぎの ●の かずが ぜんぶで 9に なるように, みぎの ☐に ●を かきましょう。

〔1もん 2てん〕

① と

② と

③ と

④ と

⑤ と

⑥ と

⑦ と

19

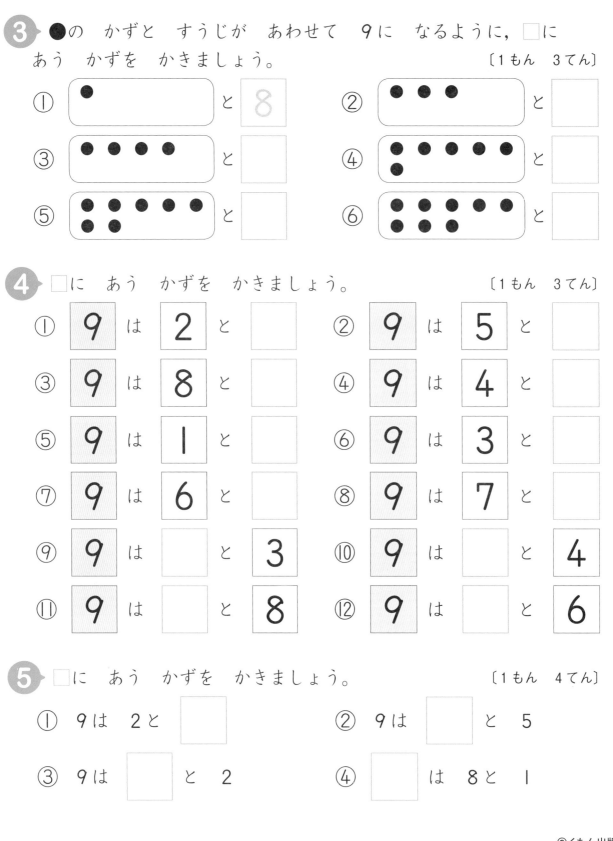

3 ●の かずと すうじが あわせて 9に なるように，□に
あう かずを かきましょう。　　　　　　　　　〔1もん　3てん〕

① ● と 8

② ● ● ● と □

③ ● ● ● ● と □

④ ● ● ● ● ● ● と □

⑤ ● ● ● ● ● ● ● と □

⑥ ● ● ● ● ● ● ● ● と □

4 □に あう かずを かきましょう。　　　　　　〔1もん　3てん〕

① 9 は 2 と □　　　② 9 は 5 と □

③ 9 は 8 と □　　　④ 9 は 4 と □

⑤ 9 は 1 と □　　　⑥ 9 は 3 と □

⑦ 9 は 6 と □　　　⑧ 9 は 7 と □

⑨ 9 は □ と 3　　　⑩ 9 は □ と 4

⑪ 9 は □ と 8　　　⑫ 9 は □ と 6

5 □に あう かずを かきましょう。　　　　　〔1もん　4てん〕

① 9は 2と □　　　② 9は □ と 5

③ 9は □ と 2　　　④ □ は 8と 1

まちがえた もんだいは，もう いちど やりなおして
みよう。

とくてん

20　　　　　　　　　　　　　　　　　　　　　てん

10までの かず ⑪

月　日　なまえ

1 ●の かずが ぜんぶで 10に なるように ●を かきましょう。

〔1もん　2てん〕

①

②

③

④

⑤

⑥

⑦

⑧

⑨

2 ひだりと みぎの ●の かずが ぜんぶで 10に なるように，みぎの □に ●を かきましょう。

〔1もん　2てん〕

① 　と

② 　と

③ と

④ と

⑤ と

©くもん出版
21

3 ●の かずと すうじが あわせて 10に なるように, □に あう かずを かきましょう。 〔1もん 3てん〕

① [●] と [9]　② [● ●] と [ ]

③ [● ● ●] と [ ]　④ [● ● ● ●] と [ ]

⑤ [● ● ● ● ●] と [ ]　⑥ [● ● ● ● ● / ●] と [ ]

⑦ [● ● ● ● ● / ● ●] と [ ]　⑧ [● ● ● ● ● / ● ● ● ● ●] と [ ]

4 □に あう かずを かきましょう。 〔1もん 4てん〕

① 10 は 3 と [ ]　② 10 は 5 と [ ]

③ 10 は 8 と [ ]　④ 10 は 4 と [ ]

⑤ 10 は 7 と [ ]　⑥ 10 は [ ] と 1

⑦ 10 は [ ] と 2　⑧ 10 は 6 と [ ]

⑨ 10 は 9 と [ ]　⑩ 10 は [ ] と 3

5 □に あう かずを かきましょう。 〔1もん 2てん〕

① 10は 2と [ ]　② 10は 7と [ ]

③ [ ] は 1と 9　④ [ ] は 4と 6

まちがえた もんだいは, もう いちど やりなおして みよう。

とくてん

てん

月 日 なまえ

1 ぼうの かずは いくつですか。□の なかに すうじを かきましょう。　　　　　〔1つ 3てん〕

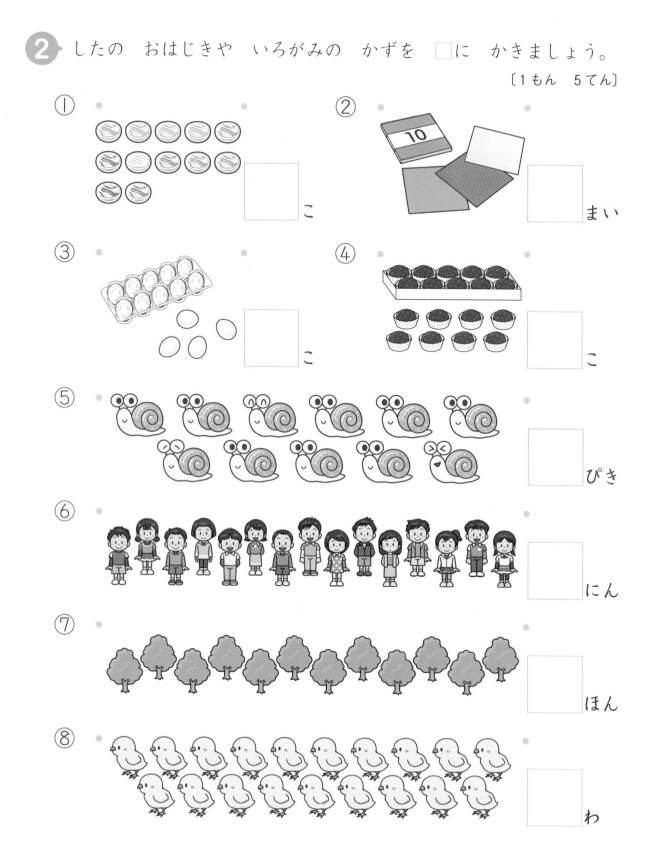

2 したの おはじきや いろがみの かずを □に かきましょう。

〔1もん 5てん〕

① □ こ

② □ まい

③ □ こ

④ □ こ

⑤ □ ぴき

⑥ □ にん

⑦ □ ほん

⑧ □ わ

©くもん出版

20までの かずの かぞえかたを おぼえよう。

とくてん

てん

24

13 **20までの　かず　②**

はじめ　じ　ふん
おわり　じ　ふん

むずかしさ ★★

月　日　なまえ

1 えんぴつの　かずを □に　かきましょう。　　〔1もん　6てん〕

① 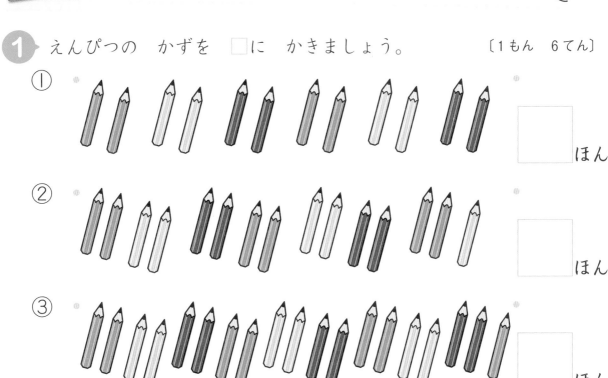 □ ほん

② □ ほん

③ □ ほん

2 バナナの　かずを □に　かきましょう。　　〔1もん　6てん〕

①  □ ぽん

②  □ ぼん

③  □ ほん

3 したの　たまごや　バナナの　かずを　□に　かきましょう。

〔1もん　8てん〕

①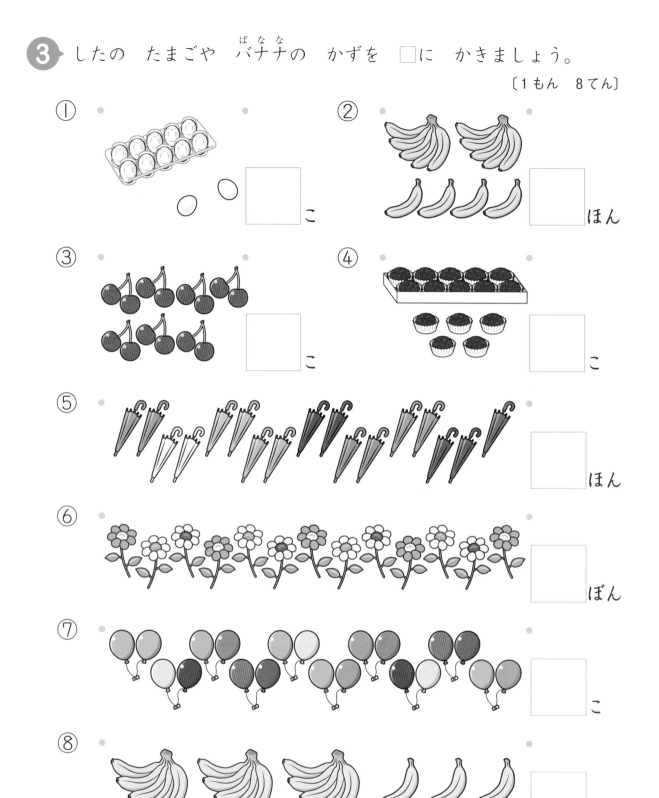
　　　□ こ

② 　　　□ ほん

③ 　　　□ こ

④ 　　　□ こ

⑤ 　　　□ ほん

⑥ 　　　□ ぼん

⑦ 　　　□ こ

⑧ 　　　□ ほん

20までの　かずの　かぞえかたを　おぼえよう。

とくてん

てん

26

14 20までの かず ③

はじめ
じ　ふん
▼
おわり
じ　ふん

むずかしさ
★★

月 日　なまえ

1 □の なかに あう かずを かきましょう。　〔1もん 2てん〕

① 11は 10と [1]　　② 12は 10と [ ]

③ 13は 10と [ ]　　④ 14は 10と [ ]

⑤ 15は 10と [ ]　　⑥ 16は 10と [ ]

⑦ 17は 10と [ ]　　⑧ 18は 10と [ ]

⑨ 19は 10と [ ]　　⑩ 20は 10と [ ]

2 □の なかに あう かずを かきましょう。　〔1もん 2てん〕

① 11は [10] と 1　　② 12は [ ] と 2

③ 13は [ ] と 3　　④ 14は [ ] と 4

⑤ 15は [ ] と 5　　⑥ 16は [ ] と 6

⑦ 17は [ ] と 7　　⑧ 18は [ ] と 8

⑨ 19は [ ] と 9　　⑩ 20は [ ] と 10

©くもん出版

27

3 □の なかに あう かずを かきましょう。　　〔1もん　3てん〕

① 10と　1で　11　　　② 10と　2で　□

③ 10と　3で　□　　　④ 10と　4で　□

⑤ 10と　5で　□　　　⑥ 10と　6で　□

⑦ 10と　7で　□　　　⑧ 10と　8で　□

⑨ 10と　9で　□　　　⑩ 10と　10で　□

4 □の なかに あう かずを かきましょう。　　〔1もん　3てん〕

① 15は　10と　□　　　② 17は　10と　□

③ 18は　10と　□　　　④ 14は　10と　□

⑤ 20は　10と　□

5 □の なかに あう かずを かきましょう。　　〔1もん　3てん〕

① 10と　6で　□　　　② 10と　2で　□

③ 10と　9で　□　　　④ 10と　1で　□

⑤ 10と　3で　□

まちがえた　もんだいは，もう　いちど　やりなおして
みよう。

とくてん

てん

15 20までの かず ④

むずかしさ
★★

月 日 なまえ

1 あいて いる □に じゅんに かずを かきましょう。

〔1もん ぜんぶ できて 10てん〕

①

1	2	3	4	5	6	7	8	9	10
11	12		14	15	16	17	18		20

②

1	2	3	4	5	6	7	8	9	10
11	12	13		15		17		19	

③

1	2	3	4	5	6	7	8	9	10
		13			16		18		

④

1	2	3	4		6	7	8	9	
11			14			17			20

⑤

1	2		4		6	7		9	10
	12	13		15				19	

©くもん出版
29

〔1もん ぜんぶ できて 10てん〕

①

1	2		4		6	7		9	10
	12	13		15		17	18		20

②

1		3		5	6		8		10
11	12		14			17		19	

③

1	2		4	5		7	8		
		13			16			19	20

④

1	2	3			6			9	
	12			15		17			

⑤

1	2			5			8		
11								19	

20までの すうじの ならびかたを おぼえよう。

とくてん

てん

30

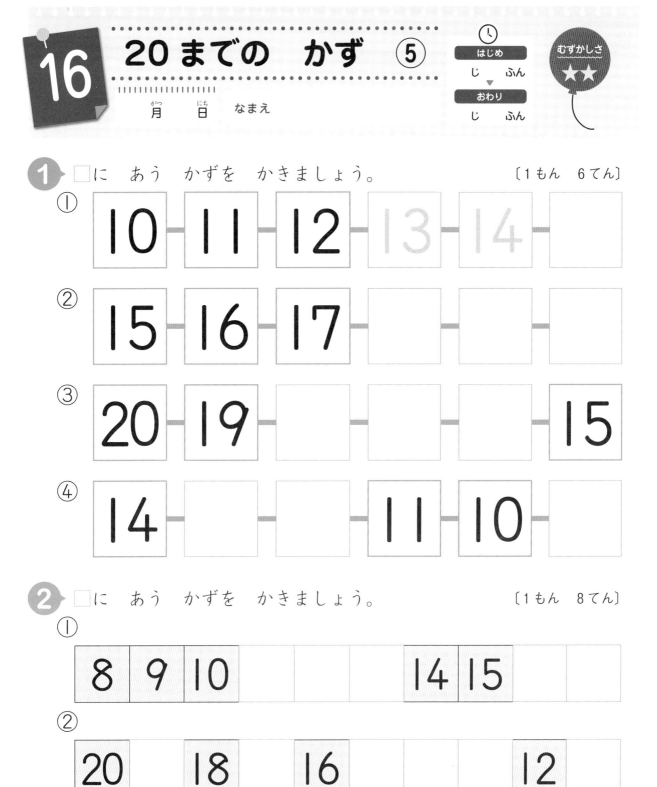

16 20までの かず ⑤

はじめ　じ　ふん
おわり　じ　ふん

むずかしさ ★★

月　日　なまえ

1 □に あう かずを かきましょう。　〔1もん　6てん〕

① 10 11 12 13 14

② 15 16 17

③ 20 19 15

④ 14 11 10

2 □に あう かずを かきましょう。　〔1もん　8てん〕

① 8 9 10 14 15

② 20 18 16 12

③ 18 17 13 11

©くもん出版

31

3 □に あう かず を かきましょう。　〔1もん　6てん〕

① 　12 — □ — 14

② 　17 — □ — 19

③ 　15 — □ — 13

④ 　20 — □ — 18

4 □に あう かず を かきましょう。　〔1もん　7てん〕

① 　12 — 13 — □ — □ — 16 — □

② 　18 — 17 — □ — 15 — □ — □

③ 　10 — 12 — □ — 16 — □ — 20

④ 　20 — 18 — □ — □ — 12 — □

20までの すうじの ならびかたを おぼえよう。

とくてん

てん

20までの かず ⑥

月 日 なまえ

はじめ
じ　ふん
▼
おわり
じ　ふん

むずかしさ
★★

1 ↓の ところの かずを □に かきましょう。　〔□1つ 1てん〕

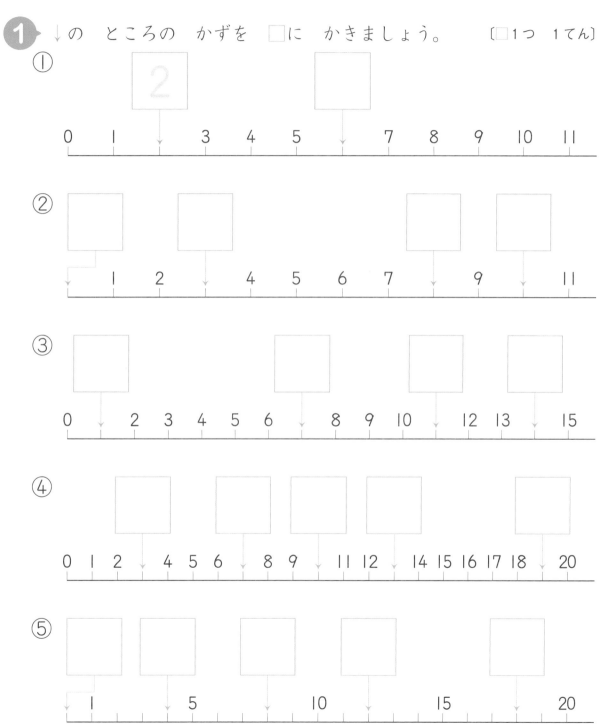

① 0 1 3 4 5 7 8 9 10 11

② 1 2 4 5 6 7 9 11

③ 0 2 3 4 5 6 8 9 10 12 13 15

④ 0 1 2 4 5 6 8 9 11 12 14 15 16 17 18 20

⑤ 1 5 10 15 20

2 ↓の ところの かずを □に かきましょう。 〔□1つ 2てん〕

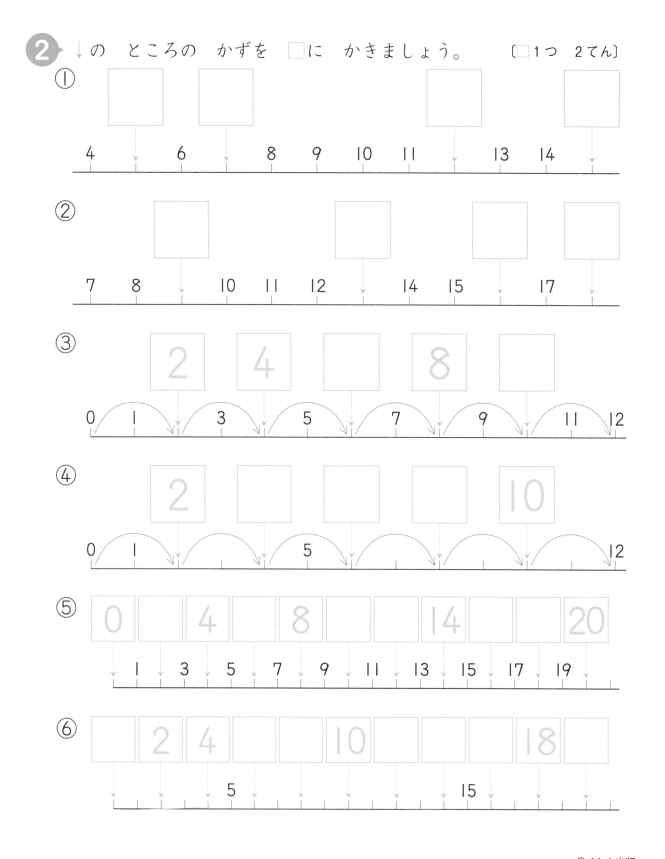

① 4 ↓ 6 ↓ 8 9 10 11 ↓ 13 14 ↓

② 7 8 ↓ 10 11 12 ↓ 14 15 ↓ 17 ↓

③ 2 4 □ 8 □ 0 1 ↓ 3 ↓ 5 ↓ 7 ↓ 9 ↓ 11 12

④ 2 □ □ □ 10 0 1 ↓ ↓ 5 ↓ ↓ ↓ 12

⑤ 0 □ 4 □ 8 □ □ 14 □ □ 20 1 3 5 7 9 11 13 15 17 19

⑥ □ 2 4 □ □ 10 □ □ 18 □ 5 15

かずのせんの めもりを よみまちがえないように
しよう。

とくてん

てん

18 20までの　かず　⑦

とけい
はじめ
じ　ふん
▼
おわり
じ　ふん

むずかしさ
★★

月　日　なまえ

1 ひだりの　かずより　1　おおきい　かずを　みぎの　□に　かきましょう。

〔1もん　5てん〕

```
6  7  8  9  10  11  12  13  14  15  16  17  18  19  20
```

① 10 → 11　　　② 18 →

③ 12 →　　　④ 15 →

⑤ 16 →　　　⑥ 19 →

2 ひだりの　かずより　1　ちいさい　かずを　みぎの　□に　かきましょう。

〔1もん　5てん〕

① 11 → 10　　　② 17 →

③ 15 →　　　④ 14 →

⑤ 12 →　　　⑥ 20 →

3 かずのせんを みて，したの □に あう かずを かきましょう。

〔1もん　5てん〕

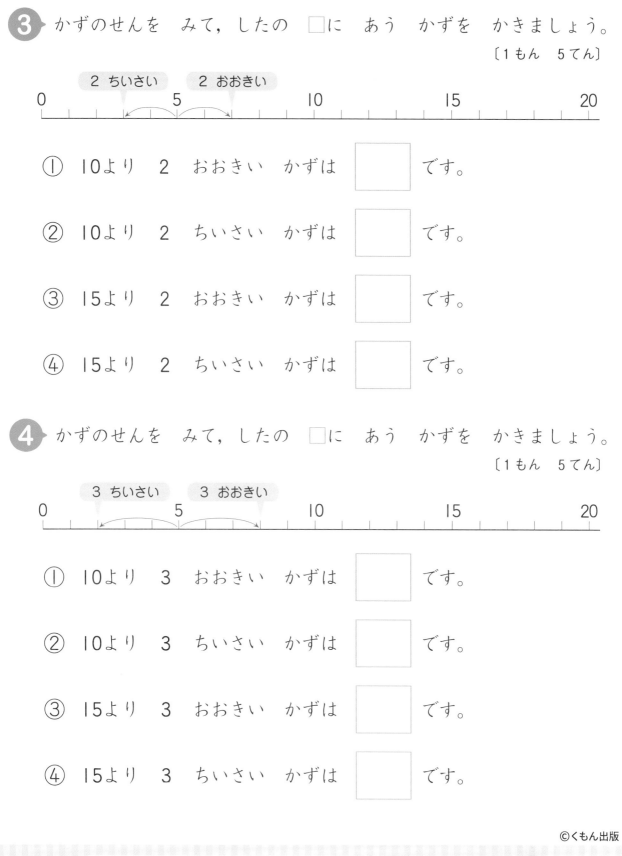

① 10より　2　おおきい　かずは □ です。

② 10より　2　ちいさい　かずは □ です。

③ 15より　2　おおきい　かずは □ です。

④ 15より　2　ちいさい　かずは □ です。

4 かずのせんを みて，したの □に あう かずを かきましょう。

〔1もん　5てん〕

① 10より　3　おおきい　かずは □ です。

② 10より　3　ちいさい　かずは □ です。

③ 15より　3　おおきい　かずは □ です。

④ 15より　3　ちいさい　かずは □ です。

まちがえた　もんだいは，もう　いちど　やりなおして
みよう。

とくてん

てん

20までの　かず　⑧

月　日　なまえ

1 かずが　おおきい　ほうに　○を　かきましょう。〔1もん　5てん〕

① 15 ⚬—⚬ 13
（ ◯ ）　（ 　 ）

② 9 ⚬—⚬ 11
（ 　 ）　（ 　 ）

③ 16 ⚬—⚬ 19
（ 　 ）　（ 　 ）

④ 17 ⚬—⚬ 14
（ 　 ）　（ 　 ）

⑤ 18 ⚬—⚬ 15
（ 　 ）　（ 　 ）

⑥ 12 ⚬—⚬ 16
（ 　 ）　（ 　 ）

2 おおきい　じゅんに　ならべかえましょう。〔1もん　10てん〕

① 8, 12, 10 ▸（ 12, 10, 8 ）

② 14, 15, 11 ▸（ 　 　 　 ）

③ 19, 9, 16 ▸（ 　 　 　 ）

3 どちらが おおいでしょうか。おおい ほうの （ ）に ○を
かきましょう。
〔1もん 10てん〕

①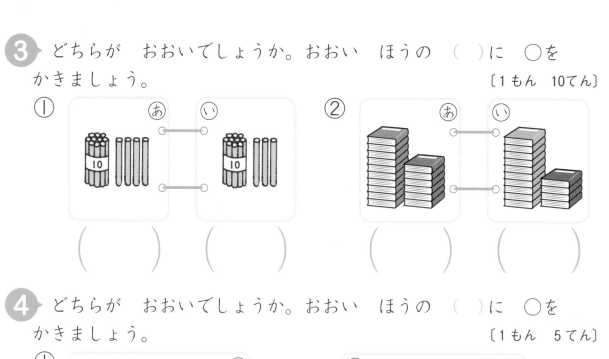

②

（　）　（　）　　　　　（　）　（　）

4 どちらが おおいでしょうか。おおい ほうの （ ）に ○を
かきましょう。
〔1もん 5てん〕

①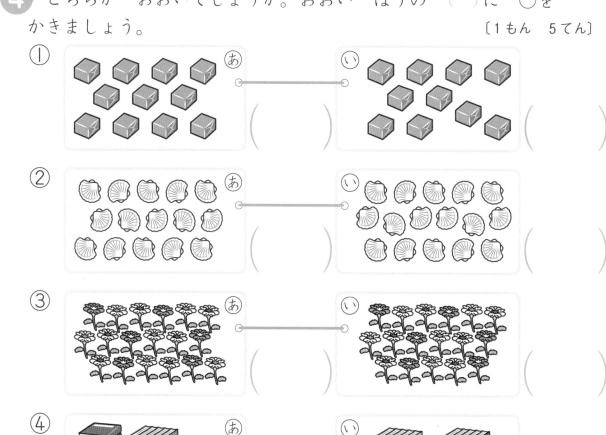

（　）　　（　）

②

（　）　　（　）

③

（　）　　（　）

④

（　）　　（　）

まちがえた もんだいは，もう いちど やりなおして
みよう。

 とくてん

てん

おおきな かず ①

はじめ
じ ふん

おわり
じ ふん

むずかしさ
★★

月 日 なまえ

1 ぼうの かずは いくつですか。□の なかに すうじを かきましょう。

〔1もん 6てん〕

①

②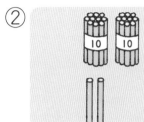

③

④

⑤

⑥

⑦

⑧ 100

⑨ 103

⑩

2 したの どんぐりや おたまじゃくしの かずは いくつですか。
□に すうじを かきましょう。　　　　　　　〔1もん　8てん〕

①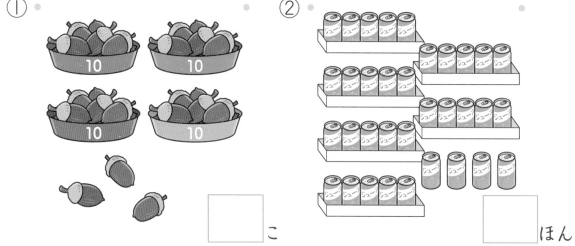

□ こ

② □ ほん

③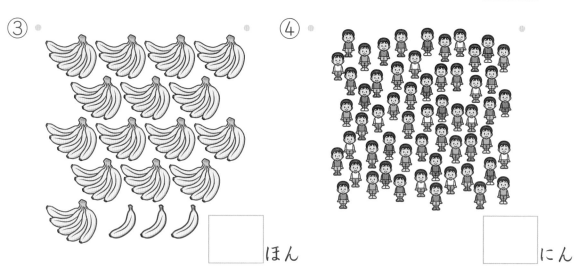

□ ほん

④ □ にん

⑤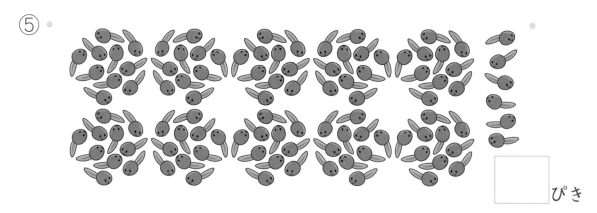

□ ぴき

おおきな かずは，10ずつ ひとまとめに してから
かぞえると，かぞえやすいね。

とくてん

てん

おおきな かず ②

月 日 なまえ

1 □に あう かずを かきましょう。　　〔1もん 5てん〕

① 10ぽんが 2つと, 1ぽんが 5つで ☐ ほんです。

② 10ぽんが 3つと, 1ぽんが 7つで ☐ ほんです。

③ 10を 5つと, 1を 9つ あわせると ☐ です。

④ 10を 4つと, 1を 7つ あわせると ☐ です。

⑤ 10を 6つと, 1を 2つ あわせると ☐ です。

⑥ 10を 8つと, 1を 4つ あわせると ☐ です。

⑦ 10を 7つと, 1を 9つ あわせると ☐ です。

⑧ 10を 9つと, 1を 8つ あわせると ☐ です。

2 □に あう かずを かきましょう。　〔1もん　6てん〕

① 28は　10を　□　つと，1を　□　つ　あわせた　かずです。

② 86は　10を　□　つと，1を　□　つ　あわせた　かずです。

③ 69は　10を　□　つと，1を　□　つ　あわせた　かずです。

④ 10が　7つで　□　です。

⑤ 10を　5つ　あつめた　かずは，□　です。

⑥ 10を　8つ　あつめた　かずは，□　です。

⑦ 10を　10　あつめた　かずは，□　です。

⑧ 40は　10を　□　つ　あつめた　かずです。

⑨ 90は　10を　□　つ　あつめた　かずです。

⑩ 100は　10を　□　あつめた　かずです。

こたえを　かきおわったら，みなおしを　しよう。
まちがいが　なくなるよ。

とくてん　　　　てん

おおきな　かず　③

月　日　なまえ

1 もんだいに　こたえましょう。　〔1もん　5てん〕

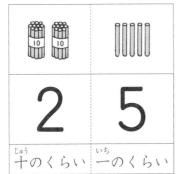

① 十のくらいの　すうじは　いくつですか。

（　　　）

② 一のくらいの　すうじは　いくつですか。

（　　　）

2 □に　あう　すうじを　かきましょう。　〔□1つ　5てん〕

①

● 十のくらいの　すうじは　□　です。

● 一のくらいの　すうじは　□　です。

②

● 十のくらいの　すうじは　□　です。

● 一のくらいの　すうじは　□　です。

③
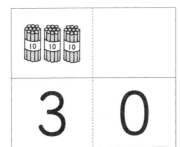

● 十のくらいの　すうじは　□　です。

● 一のくらいの　すうじは　□　です。

3 □に あう すうじを かきましょう。　　〔1もん　6てん〕

① 76の 十のくらいは ☐ で, 一のくらいは ☐ です。

② 51の 十のくらいは ☐ で, 一のくらいは ☐ です。

③ 80の 十のくらいは ☐ で, 一のくらいは ☐ です。

④ 19の 一のくらいは ☐ で, 十のくらいは ☐ です。

⑤ 37の 一のくらいは ☐ で, 十のくらいは ☐ です。

⑥ 90の 一のくらいは ☐ で, 十のくらいは ☐ です。

4 □に あう かずを かきましょう。　　〔1もん　6てん〕

① 十のくらいが 4で, 一のくらいが 1の かずは ☐ です。

② 十のくらいが 6で, 一のくらいが 0の かずは ☐ です。

③ 一のくらいが 0で, 十のくらいが 5の かずは ☐ です。

④ 一のくらいが 7で, 十のくらいが 6の かずは ☐ です。

もんだいを よく よんで こたえを かこう。

とくてん

てん

おおきな　かず　④

はじめ　じ　ふん
おわり　じ　ふん

むずかしさ

月　日　なまえ

1 あいて　いる　□に　じゅんに　かずを　かきましょう。

〔1つ　1てん〕

1	2	3	4	5	6	7	8	9	10
11	12	13	14	15	16		18		20
		23	24	25				29	30
31	32	33			36		38		
41		43	44			47	48	49	
51	52		54	55	56		58	59	60
		63		65			68		70
	72				76	77	78		
81		83	84	85			88	89	90
	92		94			97	98		100
101		103	104		106			109	
	112		114	115			118		120

2 かずの ならびかたを みて こたえましょう。

〔①② 20てん, ③ 10てん〕

1	2	3	4	5	6	7	8	9	10
11	12	13	14	15	16	17	18	19	20
21	22	23	24	25	26	27	28	29	30
31	32	33	34	35	36	37	38	39	40
41	42	43	44	45	46	47	48	49	50
51	52	53	54	55	56	57	58	59	60
61	62	63	64	65	66	67	68	69	70
71	72	73	74	75	76	77	78	79	80
81	82	83	84	85	86	87	88	89	90
91	92	93	94	95	96	97	98	99	100
101	102	103	104	105	106	107	108	109	110
111	112	113	114	115	116	117	118	119	120

① 一のくらいが 7の かずに, ぜんぶ ○を つけましょう。

② 十のくらいが 7の かずに, ぜんぶ △を つけましょう。

③ うえに かいて ある かずの なかで, 一のくらいが 0の
かずを ぜんぶ かきましょう。

(10   )

©くもん出版

こたえを みなおして, まちがいが ないか たしかめて
みよう。

とくてん

46

てん

24 おおきな かず ⑤

月 日 なまえ

はじめ
じ ふん
おわり
じ ふん

むずかしさ
★★★

1 □に あう かずを かきましょう。　　　〔1もん 5てん〕

① 33 — 34 — 35 — 36 — 37 — 38 — 39 — ☐

② 68 — 69 — ☐ — 71 — 72 — ☐ — 74

③ ☐ — 81 — 82 — ☐ — 84 — 85 — ☐ — 87

④ 99 — ☐ — 101 — 102 — ☐ — ☐ — 105 — 106

⑤ 51 — 50 — ☐ — ☐ — 47 — 46 — ☐ — 44

⑥ ☐ — 99 — 98 — ☐ — 96 — 95 — ☐ — 93

⑦ 65 — ☐ — 63 — 62 — 61 — ☐ — 59 — ☐

⑧ 120 — 119 — ☐ — 117 — 116 — ☐ — 114 — ☐

©くもん出版

2 □に あう かず を かきましょう。　　　　〔1もん　6てん〕

① 40 — 50 — 60 — 70 — 80 — ☐ — 100 — ☐

② 6 — 8 — ☐ — 12 — 14 — 16 — ☐ — ☐

③ 50 — 55 — 60 — ☐ — ☐ — 75 — 80 — ☐

④ 70 — ☐ — 50 — ☐ — 30 — 20 — ☐ — 0

⑤ 84 — 82 — 80 — ☐ — 76 — 74 — 72 — ☐

⑥ 100 — ☐ — 90 — 85 — 80 — ☐ — ☐ — 65

⑦ 12 — 22 — 32 — 42 — ☐ — ☐ — 72 — 82

⑧ 24 — ☐ — 44 — ☐ — 64 — ☐ — 84 — 94

⑨ ☐ — 16 — 26 — 36 — ☐ — 56 — 66 — ☐

⑩ 98 — ☐ — ☐ — 68 — 58 — 48 — ☐ — 28

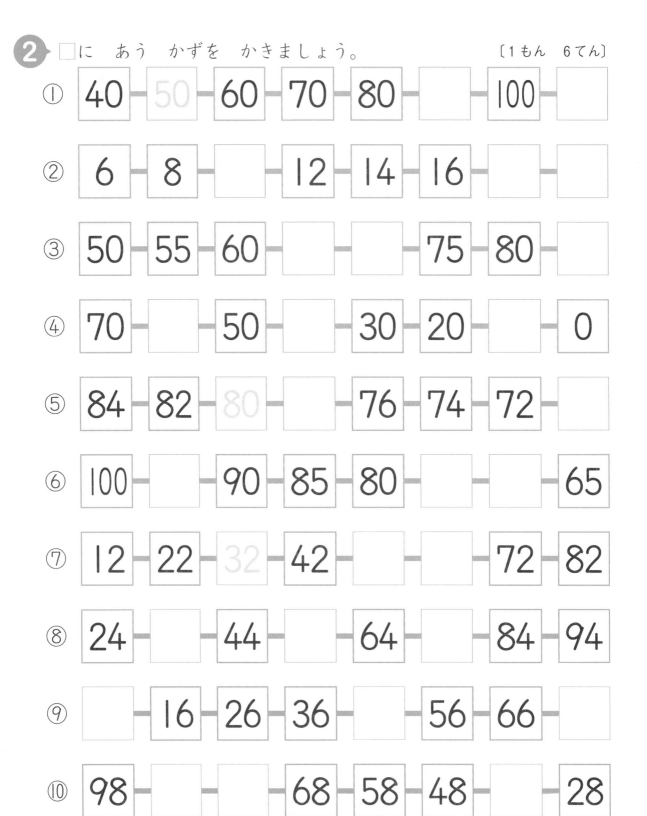

こたえを みなおして, まちがいが ないか たしかめて みよう。

とくてん　　　てん

おおきな　かず　⑥

月　日　なまえ

1 ↓の　ところの　かずを　□に　かきましょう。　〔□1つ　2てん〕

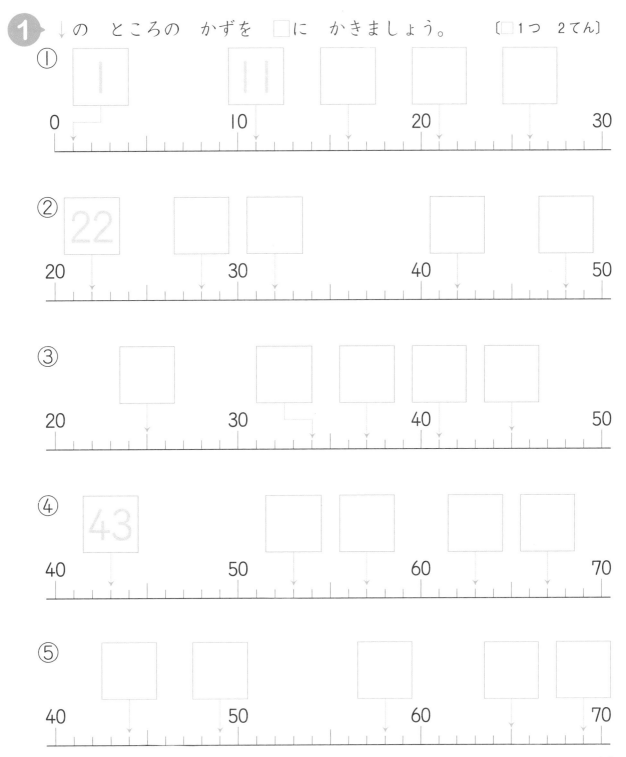

①
0　10　20　30

②
22
20　30　40　50

③
20　30　40　50

④
43
40　50　60　70

⑤
40　50　60　70

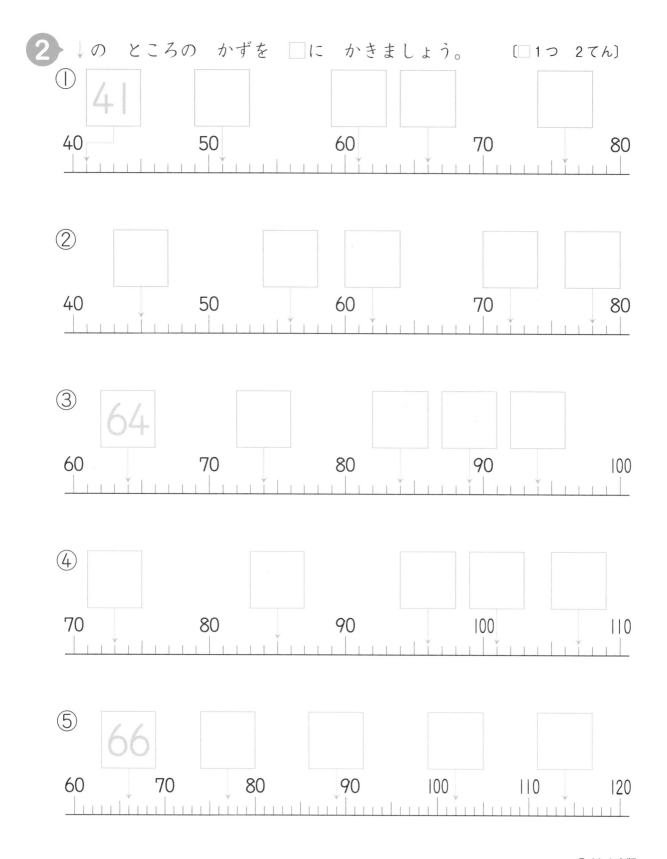

かずのせんの めもりを よみまちがえないように
しよう。

てん

はじめ　　じ　ふん
▼
おわり　　じ　ふん

むずかしさ
★★

月　日　なまえ

1 かずのせんを みて, したの □に あう かずを かきましょう。
〔1もん　5てん〕

2 ちいさい　　2 おおきい

0　　　　　　　　10　　　　　　20　　　　　　　30

① 10より 2 おおきい かずは □ です。

② 10より 2 ちいさい かずは □ です。

③ 20より 2 おおきい かずは □ です。

④ 20より 2 ちいさい かずは □ です。

2 かずのせんを みて, したの □に あう かずを かきましょう。
〔1もん　5てん〕

3 ちいさい　90　3 おおきい　100

80　　　　　　90　　　　　100　　　　110　　　120

① 90より 3 おおきい かずは □ です。

② 90より 3 ちいさい かずは □ です。

③ 100より 3 おおきい かずは □ です。

④ 100より 3 ちいさい かずは □ です。

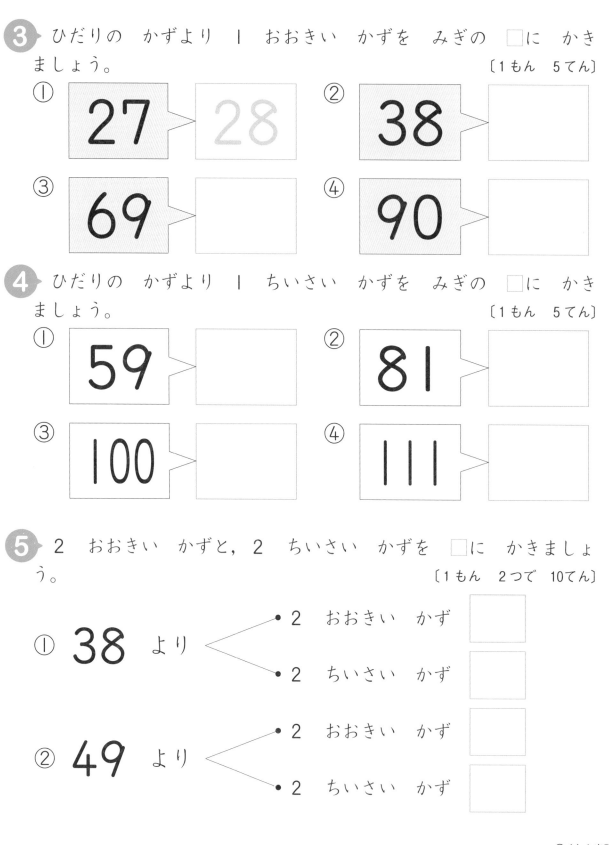

3 ひだりの かずより 1 おおきい かずを みぎの □に かき
ましょう。　　　　　　　　　　　　　　　　　〔1もん　5てん〕

① 27 ▸ 28　　② 38 ▸

③ 69 ▸　　④ 90 ▸

4 ひだりの かずより 1 ちいさい かずを みぎの □に かき
ましょう。　　　　　　　　　　　　　　　　　〔1もん　5てん〕

① 59 ▸　　② 81 ▸

③ 100 ▸　　④ 111 ▸

5 2 おおきい かずと, 2 ちいさい かずを □に かきましょ
う。　　　　　　　　　　　　　　　　　〔1もん　2つで　10てん〕

① 38 より ・2 おおきい かず
　　　　　　　・2 ちいさい かず

② 49 より ・2 おおきい かず
　　　　　　　・2 ちいさい かず

まちがえた もんだいは, もう いちど やりなおして
みよう。

とくてん

てん

おおきな かず ⑧

むずかしさ
★★

月　日　なまえ

1 どちらが おおいでしょうか。おおい ほうの □に ○を かき
ましょう。　　　　　　　　　　　　　　　　　　　　〔10てん〕

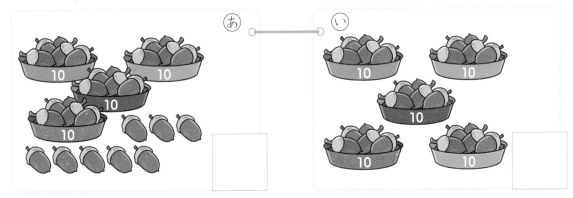

あ　　　　　　　　い

2 かずが おおきい ほうの （ ）に ○を かきましょう。

〔1もん　5てん〕

① 21 — 19　　　　② 24 — 27
　　(○) ( )　　　　　( ) ( )

③ 30 — 33　　　　④ 46 — 40
　　( ) ( )　　　　　( ) ( )

⑤ 48 — 38　　　　⑥ 56 — 66
　　( ) ( )　　　　　( ) ( )

3 かずが おおきい ほうの （ ）に ○を かきましょう。

〔1もん 6てん〕

① 51 ― 15
（　　　）（　　　）

② 28 ― 82
（　　　）（　　　）

③ 79 ― 83
（　　　）（　　　）

④ 64 ― 47
（　　　）（　　　）

⑤ 99 ― 100
（　　　）（　　　）

⑥ 105 ― 110
（　　　）（　　　）

4 おおきい じゅんに ならべかえましょう。 〔1もん 6てん〕

① 21, 23, 12 ▸ (23, 21, 12)

② 9, 19, 90 ▸ (　　　　　　　)

③ 71, 74, 47 ▸ (　　　　　　　)

④ 96, 69, 89 ▸ (　　　　　　　)

©くもん出版

こたえを かきおわったら，みなおしを しよう。
まちがいが なくなるよ。

とくてん

54　　　　　てん

28 な が さ ①

はじめ
じ　ふん
おわり
じ　ふん

むずかしさ
★★

月　日　なまえ

1　2ほんの　えんぴつの　ながさを　くらべて　います。くらべかた
の　ただしい　ものには　○，まちがって　いる　ものには　×を
（　）に　かきましょう。　　　　　　　　　　〔1もん　5てん〕

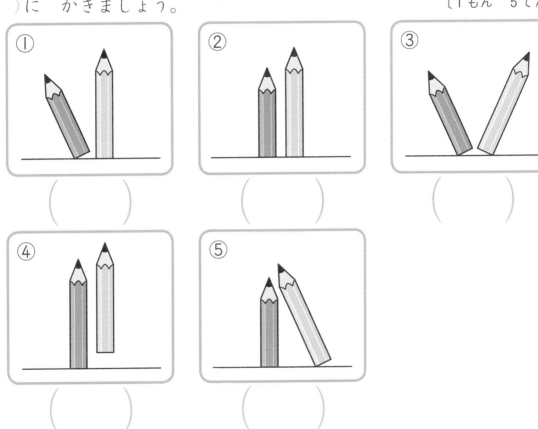

①　（　）　　②　（　）　　③　（　）

④　（　）　　⑤　（　）

2　かみテープの　ながさを　くらべて　います。ながい　じゅんに，
1, 2, 3と　ばんごうを　（　）に　かきましょう。〔ぜんぶ　できて　15てん〕

あ　（　）

い　（　）

う　（　）

3 ⓐと ⓘを くらべて, ながい ほうの ( )に ○を かきましょう。

〔1もん 10てん〕

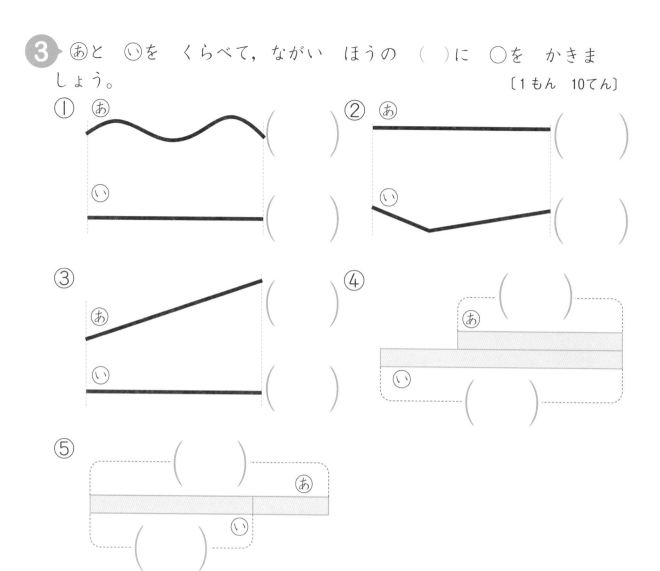

① ⓐ ( )
ⓘ ( )

② ⓐ ( )
ⓘ ( )

③ ⓐ ( )
ⓘ ( )

④ ( )
ⓐ
ⓘ ( )

⑤ ( )
ⓐ
ⓘ ( )

4 ⓐから ⓤの かみテープの ながい じゅんに 1, 2, 3と ばんごうを ( )に かきましょう。

〔ぜんぶ できて 10てん〕

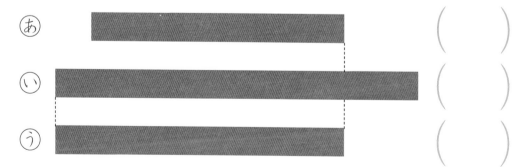

ⓐ ( )

ⓘ ( )

ⓤ ( )

ちかくに ある いろいろな ものの ながさを くらべて みよう。

とくてん

てん

29　な　が　さ　②

① ‹
はじめ
じ　ふん
▼
おわり
じ　ふん

むずかしさ
★★

1 あと ○を くらべて，ながい ほうの （　）に ○を つけましょう。 〔1もん 10てん〕

① あ （　　）

○ （　　）

② あ （　　）

○ （　　）

2 ながい ほうの （　）に ○を つけましょう。 〔1もん 10てん〕

① あ （　　）

○ （　　）

② あ （　　）

○ （　　）

③ あ （　　）

○ （　　）

④ あ （　　）

○ （　　）

57

3 いちばん ながい ものと, いちばん みじかい ものを さがして, なまえを かきましょう。　〔1もん 10てん〕

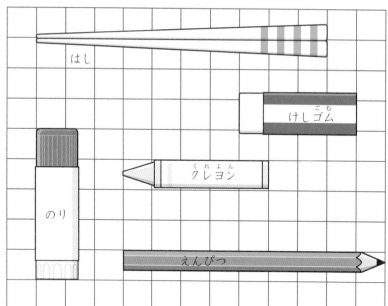

①いちばん ながい もの

（　　　　　　）

②いちばん みじかい もの

（　　　　　　）

4 どちらが どれだけ ながいでしょうか。　〔1もん 10てん〕

①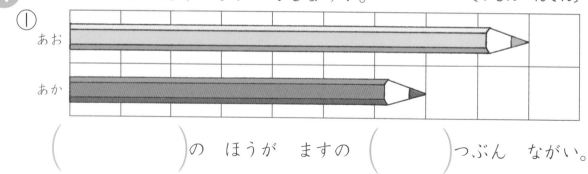

（　　　　　　）の ほうが ますの （　　　　　　）つぶん ながい。

②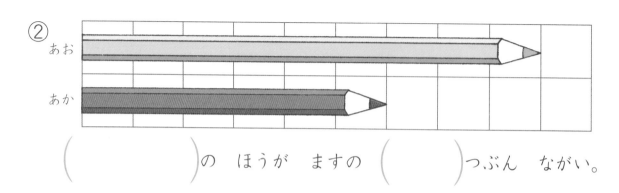

（　　　　　　）の ほうが ますの （　　　　　　）つぶん ながい。

まちがえた もんだいは, もう いちど やりなおして みよう。

とくてん

てん

30 かさ（たいせき）

月　日　なまえ

1 いれものに みずが はいって います。みずの おおい じゅんに （ ）に 1, 2, 3と ばんごうを かきましょう。〔1もん 8てん〕

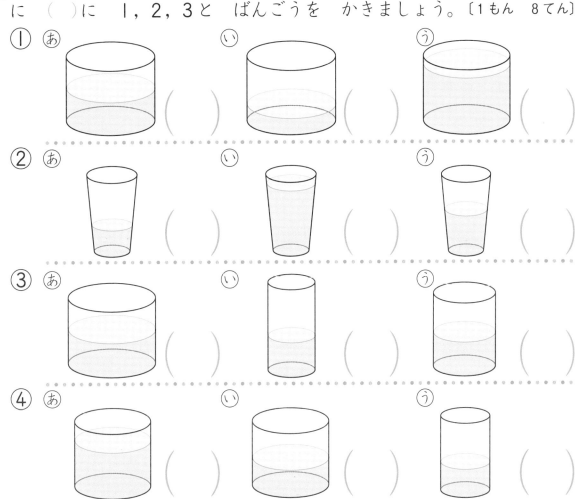

① あ（ ）　い（ ）　う（ ）

② あ（ ）　い（ ）　う（ ）

③ あ（ ）　い（ ）　う（ ）

④ あ（ ）　い（ ）　う（ ）

2 おおきさの ちがう はこが 3つ あります。おおきい じゅんに （ ）に 1, 2, 3と ばんごうを かきましょう。〔8てん〕

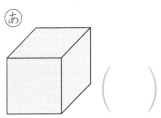 あ（ ）　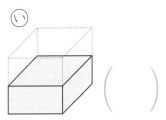 い（ ）　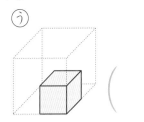 う（ ）

3 すいとうには コップの かずの みずが はいって いました。
どちらの すいとうが おおく はいって いたでしょうか。〔20てん〕

●ただしさん　　　　　　　　　　●はるとさん

(　　　　　　　　　　　)

4 みずは, どちらの いれものに どれだけ おおく はいって
いたでしょうか。〔20てん〕

●びん　　　　　　　　　　●やかん

(　　　　) の ほうが コップで (　　　　) はい おおい。

5 したの それぞれの いれものには コップの かずの みずが
はいって いました。みずが おおく はいって いた じゅんに,
(　)に 1, 2, 3と ばんごうを かきましょう。〔20てん〕

あ

(　　　　)

い

(　　　　)

う

(　　　　)

コップを つかって, ちかくに ある ものの かさを
くらべて みよう。

とくてん

60　　　　　　　　　　　　　　　　　　　　　　　　　　　てん

31 ひろさ(めんせき)

はじめ　じ　ふん
おわり　じ　ふん

むずかしさ ★★

1 2まいの　かみを　かさねて　ひろさを　くらべて　います。
⑤から　③の　なかで　いちばん　よい　くらべかたを　して　いる
ものに　○を　つけましょう。　　　　　　　　　　　〔10てん〕

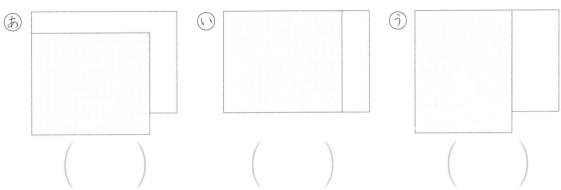

⑤　（　　　）　　　⑥　（　　　）　　　③　（　　　）

2 したの　かたちを　みて　こたえましょう。　〔1もん　10てん〕

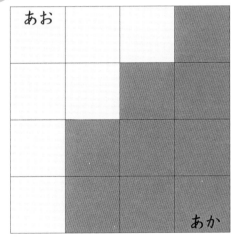

① あお（□の　ところ）は，□が
いくつぶんの　ひろさですか。

（　　　　　　　）

② あか（■の　ところ）は，□が
いくつぶんの　ひろさですか。

（　　　　　　　）

③ あおと　あかでは，どちらが　ひろいでしょうか。

（　　　　　　　）

④ あかは，あおより　□が　いくつぶん　ひろいでしょうか。

（　　　　　　　）

3 あおと あかでは，どちらが ひろいでしょうか。 〔1もん 10てん〕

① あお
あか
( )

② あお
あか
( )

4 したの ☐ の なかの かたちと おなじ ひろさの ものを
ぜんぶ みつけて，( )に ○を つけましょう。

〔ぜんぶ できて 30てん〕

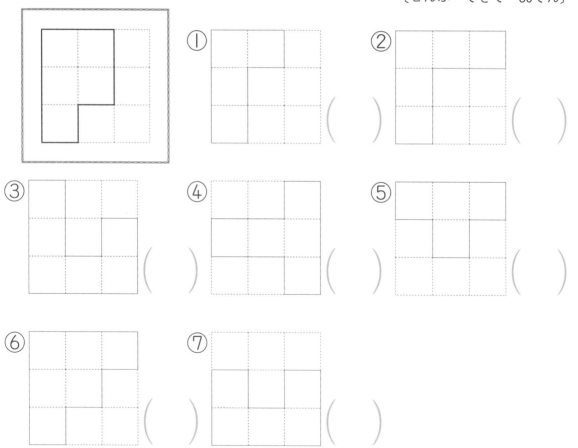

① ( )
② ( )
③ ( )
④ ( )
⑤ ( )
⑥ ( )
⑦ ( )

ちかくに ある いろいろな ものの ひろさを
くらべて みよう。

とくてん

てん

と け い ①

月 日 なまえ

はじめ		
じ	ふん	
おわり		
じ	ふん	

むずかしさ ★★

1 なんじですか。 〔1もん　5てん〕

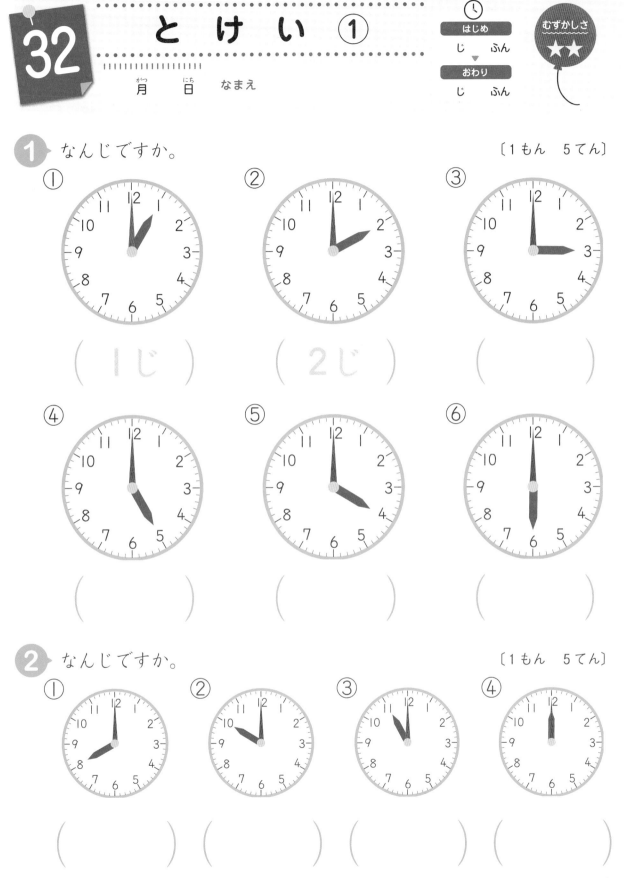

① (1 じ)

② (2 じ)

③ (　　　)

④ (　　　)

⑤ (　　　)

⑥ (　　　)

2 なんじですか。 〔1もん　5てん〕

① (　　　)

② (　　　)

③ (　　　)

④ (　　　)

❸ なんじですか。　　　　　　　　　　　　　　〔1もん　5てん〕

① （ 9じはん ）

② （ 11じはん ）

③ （　　　　　）

④ （　　　　　）

⑤ （　　　　　）

⑥ （　　　　　）

❹ なんじですか。　　　　　　　　　　　　　　〔1もん　5てん〕

① （　　　　）② （　　　　）③ （　　　　）④ （　　　　）

©くもん出版

とけいの　はりを　よく　みて　こたえよう。

とくてん

てん

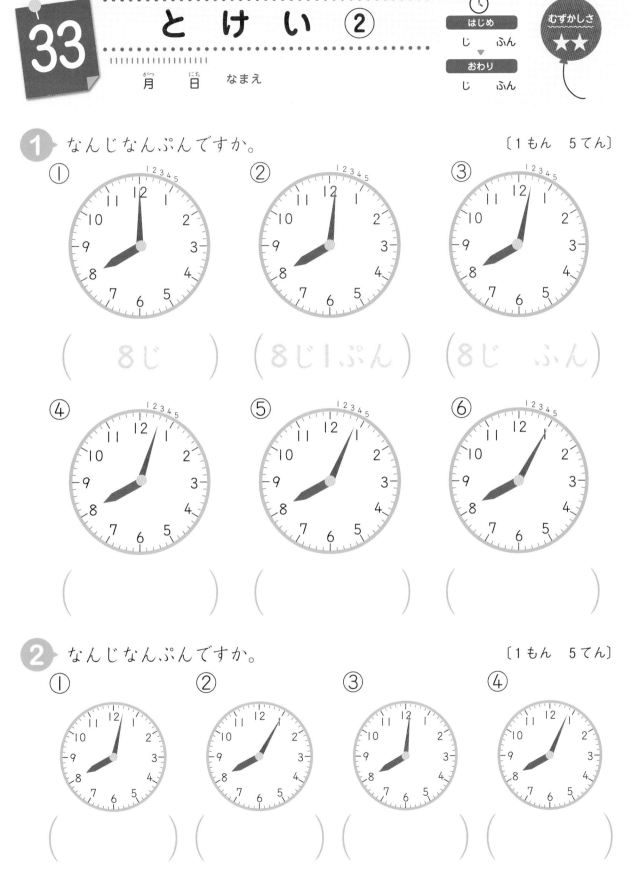

と　け　い　②

月　日　なまえ

じ　ふん
はじめ
おわり
じ　ふん

むずかしさ
★★

1 なんじなんぷんですか。　　　　〔1もん　5てん〕

① (8じ)

② (8じ1ぷん)

③ (8じ　ふん)

④ (　　　　　)

⑤ (　　　　　)

⑥ (　　　　　)

2 なんじなんぷんですか。　　　　〔1もん　5てん〕

① (　　　　)

② (　　　　)

③ (　　　　)

④ (　　　　)

3 なんじなんぷんですか。　　　　　　　　　　　〔1もん　5てん〕

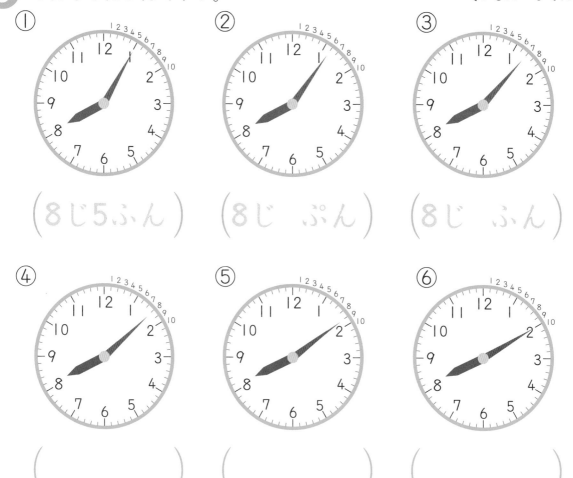

① （ 8じ5ふん ）

② （ 8じ　ぷん ）

③ （ 8じ　ふん ）

④ （　　　　　　　　　）

⑤ （　　　　　　　　　）

⑥ （　　　　　　　　　）

4 なんじなんぷんですか。　　　　　　　　　　　〔1もん　5てん〕

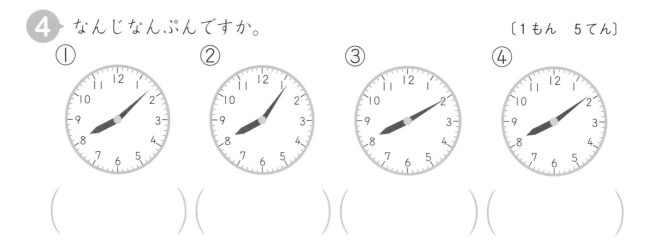

① （　　　　　　）② （　　　　　　）③ （　　　　　　）④ （　　　　　　）

とけいの　ながい　はりを　よく　みて　こたえよう。

とくてん

てん

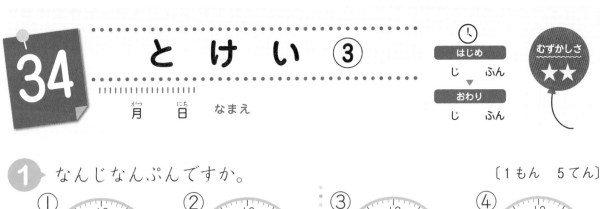

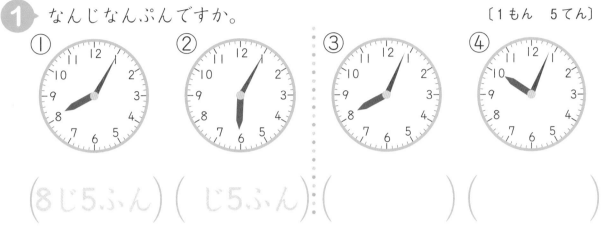

34 と け い ③

1 なんじなんぷんですか。 〔1もん 5てん〕

① ② ③ ④

(8じ5ふん) (じ5ふん) ( ) ( )

2 なんじなんぷんですか。 〔1もん 5てん〕

① ② ③

( ) ( ) ( )

④ ⑤ ⑥

( ) ( ) ( )

3 なんじなんぷんですか。　　　〔1もん　5てん〕

① (8じ10ぷん)　② (　じ10ぷん)　③ (　　　　)　④ (　　　　)

4 なんじなんぷんですか。　　　〔1もん　5てん〕

① (　　　　)　② (　　　　)　③ (　　　　)

④ (　　　　)　⑤ (　　　　)　⑥ (　　　　)

みじかい　はりと　ながい　はりを　よく　みて
こたえよう。

とくてん

てん

35 と け い ④

月 日 なまえ

はじめ
じ ふん
おわり
じ ふん

むずかしさ
★★

1 なんじ なんぷんですか。　〔1もん　5てん〕

① (8じ10ぷん)

② (8じ11ぷん)

③ (8じ　ふん)

④ (　　　　)

⑤ (　　　　)

⑥ (　　　　)

2 なんじ なんぷんですか。　〔1もん　5てん〕

① (　　)

② (　　)

③ (　　)

④ (　　)

3 なんじ なんぷんですか。 〔1もん 5てん〕

①
（8じ15ふん）

②
（8じ　ぷん）

③
（　じ　ふん）

④
（　　　）

⑤
（　　　）

⑥
（　　　）

4 なんじ なんぷんですか。 〔1もん 5てん〕

①
（　　　）

②
（　　　）

③
（　　　）

④
（　　　）

まちがえた もんだいは, もう いちど やりなおして
みよう。

とくてん

てん

36

と け い ⑤

1 なんじなんぷんですか。

〔1もん　4てん〕

① (8じ5ふん)　② (　)　③ (　)　④ (　)

⑤ (8じ25ふん)　⑥ (8じ30ぷん)　⑦ (　)　⑧ (　)

⑨ (　)　⑩ (　)　⑪ (　)　⑫ (　)

2 なんじ なんぷんですか。 〔1もん 4てん〕

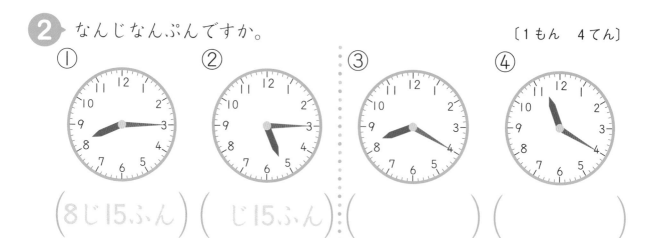

① ② ③ ④

(8じ15ふん) (じ15ふん) ( ) ( )

3 なんじ なんぷんですか。 〔1もん 6てん〕

① ② ③

( ) ( ) ( )

④ ⑤ ⑥

( ) ( ) ( )

こたえを かきおわったら、みなおしを しよう。
まちがいが なくなるよ。

とくてん

てん

37

と け い ⑥

月　日　なまえ

1 おおきい とけいは なんじなんぷんですか。　〔1もん　5てん〕

① 8じ10ぷん

② 8じ10ぷん

③ 8じ20ぷん

(8じ11ぷん)　(8じ　ぷん)　(　　　　)

④ 8じ30ぷん

⑤ 8じ40ぷん

⑥ 8じ50ぷん

(　　　　)　(　　　　)　(　　　　)

2 なんじなんぷんですか。　〔1もん　5てん〕

①　②　③　④

(　　)(　　)(　　)(　　)

3 おおきい とけいは なんじなんぷんですか。　　　〔1もん　5てん〕

① 8じ15ふん

(8じ17ふん)

② 8じ15ふん

(8じ　ふん)

③ 8じ25ふん

(　　　　　)

④ 8じ35ふん

(　　　　　)

⑤ 8じ45ふん

(　　　　　)

⑥ 8じ55ふん

(　　　　　)

4 なんじなんぷんですか。　　　〔1もん　5てん〕

①

②

③

④

(　　　)(　　　)(　　　)(　　　)

©くもん出版

ちいさい とけいを よく みながら やって みよう。

とくてん

74

てん

と け い ⑦

月 日 なまえ

はじめ
じ ふん
▼
おわり
じ ふん

むずかしさ
★★

1 なんじなんぷんですか。 〔1もん 5てん〕

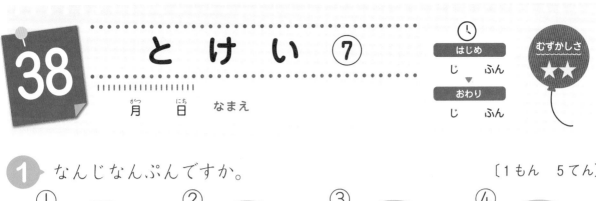

① ② ③ ④

(9じ17ふん) ( ) ( ) ( )

2 なんじなんぷんですか。 〔1もん 5てん〕

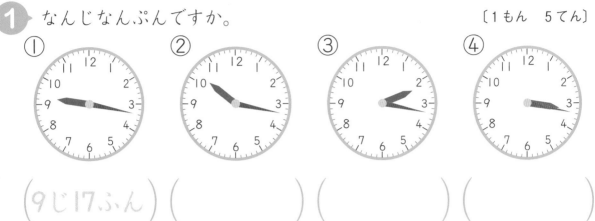

① ② ③

( ) ( ) ( )

④ ⑤ ⑥

( ) ( ) ( )

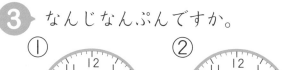

3 なんじなんぷんですか。　　　　　　　　　　〔1もん　5てん〕

① ② ③ ④

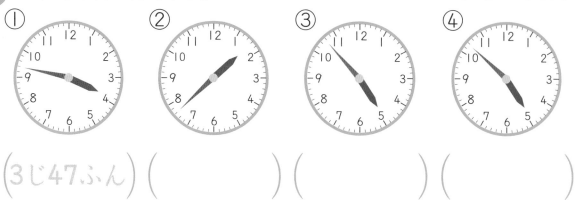

(3じ47ふん) 　(　　　)　(　　　)　(　　　)

4 なんじなんぷんですか。　　　　　　　　　　〔1もん　5てん〕

① ② ③

(　　　)　(　　　)　(　　　)

④ ⑤ ⑥

(　　　)　(　　　)　(　　　)

こたえを　かきおわったら，みなおしを　しよう。
まちがいが　なくなるよ。

とくてん

てん

と け い ⑧

月　日　なまえ

1 ながい　はりを　かきいれましょう。　　　　〔1もん　5てん〕

① 9じ　　　　　　② 9じはん　　　　　③ 11じ

④ 11じはん　　　　⑤ 12じ　　　　　⑥ 12じはん

2 ながい　はりを　かきいれましょう。　　　　〔1もん　5てん〕

① 2じ　　　② 2じはん　　　③ 5じ　　　④ 5じはん

ながい　はりを　かきいれましょう。　　　　　〔1もん　5てん〕

① 9じ5ふん

② 9じ10ぷん

③ 9じ20ぷん

④ 9じ40ぷん

⑤ 11じ40ぷん

⑥ 11じ15ふん

④ ながい　はりを　かきいれましょう。　　　　　〔1もん　5てん〕

① 2じ25ふん

② 2じ50ぷん

③ 6じ50ぷん

④ 7じ55ふん

とけいを　みながら　かくと　いいよ。まちがえたら，けして　もう　いちど　かいて　みよう。

とくてん

 てん

むずかしさ ★★

1 つみきを つみかさねました。いちばん うえに ある つみきの かたちは どれですか。みぎの なかから えらんで, ○を つけましょう。 〔10てん〕

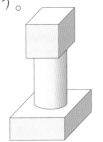

あ  　　い 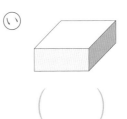 　　う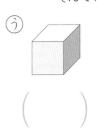

(　)　　　　　(　)　　　　　(　)

2 ひだりの つみきと にて いる かたちを みぎの なかから えらんで, ぜんぶに ○を つけましょう。 〔1もん 5てん〕

①

あ  　い 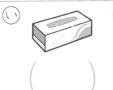 　う  　え

(　)　　(　)　　(　)　　(　)

②

あ  　い 　う 　え

(　)　　(　)　　(　)　　(　)

③

あ 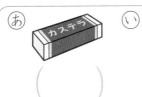 　い 　う  　え

(　)　　(　)　　(　)　　(　)

④

あ  　い  　う  　え

(　)　　(　)　　(　)　　(　)

3 ⓐⓘⓤの かたちは, それぞれ したの どの かたちの なかま
と いえるでしょうか。ぜんぶを せんで つなぎましょう。

〔ぜんぶ できて 30てん〕

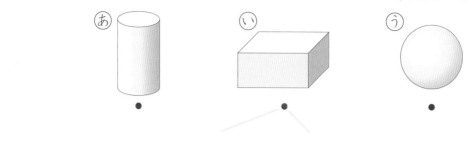

4 いろいろな かたちの つみきを つみかさねて います。どんな
かたちの つみきを いくつずつ つかって いるでしょうか。

〔1もん 10てん〕

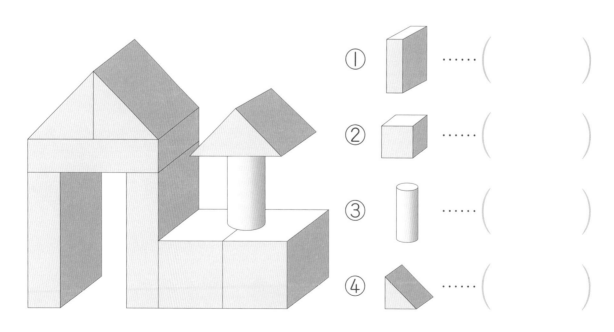

① ……（　　　　）

② ……（　　　　）

③ ……（　　　　）

④ ……（　　　　）

ちかくに ある いろいろな ものの かたちを
くらべて みよう。

とくてん

てん

いろいろな かたち ②

むずかしさ
★★

1 ひだりの つみきを えの ように うつしとると, どんな かたちが できますか。( )に ○を つけましょう。〔1もん 10てん〕

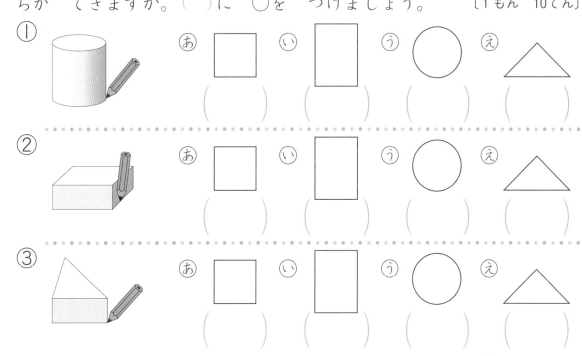

2 あから えの つみきを えの ように うつしとります。できる かたちを さがして, せんで つなぎましょう。〔ぜんぶ できて 20てん〕

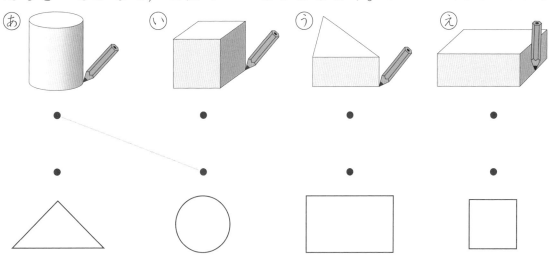

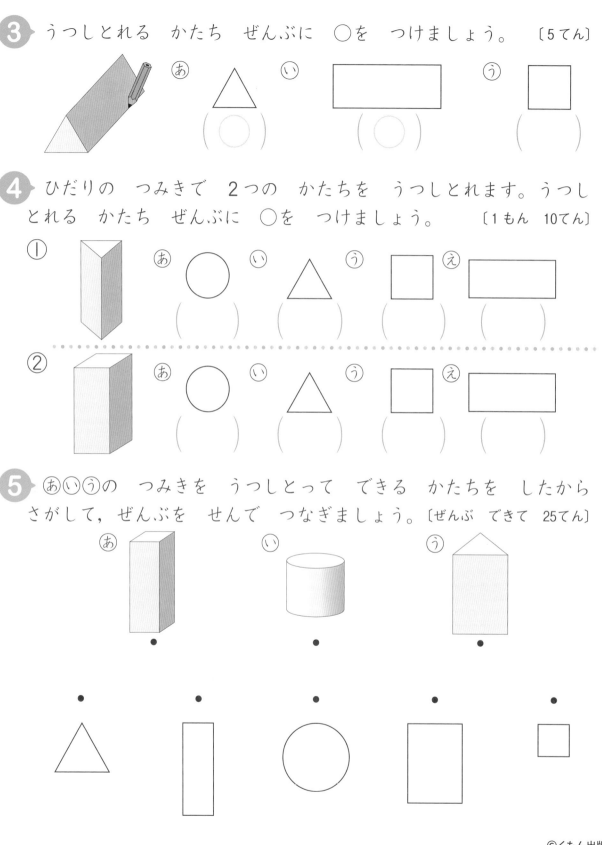

3 うつしとれる かたち ぜんぶに ○を つけましょう。〔5てん〕

　　　　あ　　　　　　い　　　　　　　　　　う

（　　）　　　（　　）　　　　（　　）

4 ひだりの つみきで 2つの かたちを うつしとれます。うつし
とれる かたち ぜんぶに ○を つけましょう。〔1もん 10てん〕

① 　　　　あ　　　　い　　　　う　　　　え

　　　　（　）　　（　）　　（　）　　（　）

② 　　　　あ　　　　い　　　　う　　　　え

　　　　（　）　　（　）　　（　）　　（　）

5 あいうの つみきを うつしとって できる かたちを したから
さがして, ぜんぶを せんで つなぎましょう。〔ぜんぶ できて 25てん〕

　あ　　　　　　　　い　　　　　　　　　う

いろいろな かたちを かみに うつしとって みよう。

とくてん

てん

いろいろな かたち ③

月日 なまえ

はじめ
じ　ふん
おわり
じ　ふん

むずかしさ
★★★

1 したの かたちは の いろいたを なんまい つかって いるでしょうか。

〔1もん　5てん〕

①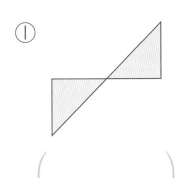

②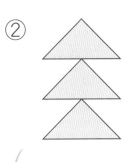

③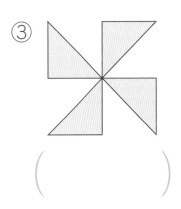

（　　　　） （　　　　） （　　　　）

2  の いろいたを ならべて かたちを つくって います。

〔1もん　5てん〕

● 2まい ならべました。つないだ ところに せんを かきましょう。

①

②

③

● 3まい ならべました。つないだ ところに せんを かきましょう。

④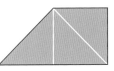

⑤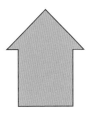

⑥

⑦

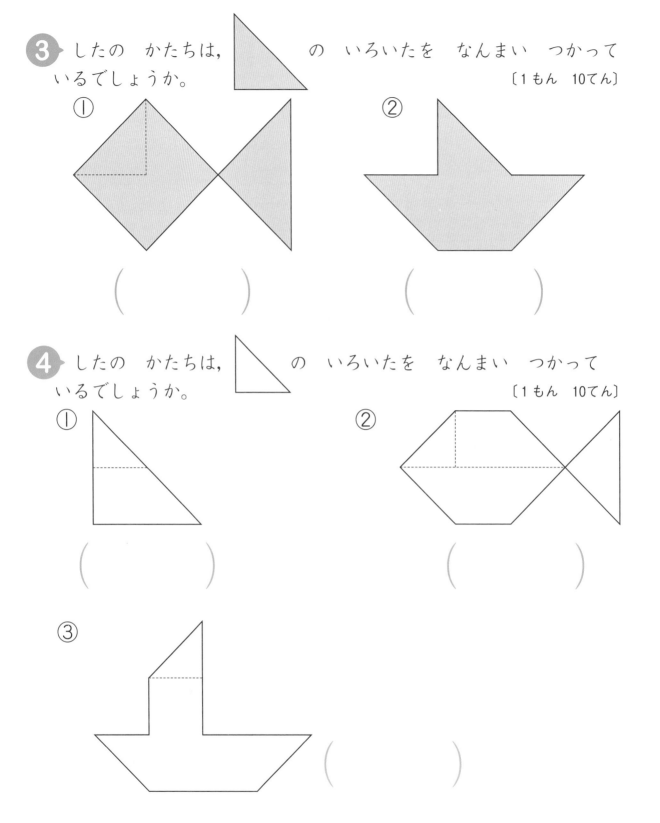

3 したの かたちは、◢ の いろいたを なんまい つかって
いるでしょうか。　　　　　　　　　〔1もん　10てん〕

①　　　　　　　　　　　　　　　②

（　　　　　　　　）　　　　　　（　　　　　　　　）

4 したの かたちは、◺ の いろいたを なんまい つかって
いるでしょうか。　　　　　　　　　〔1もん　10てん〕

①　　　　　　　　　　　　　　　②

（　　　　　　　　）　　　　　　（　　　　　　　　）

③

（　　　　　　　　）

　まちがえた　もんだいは、もう　いちど　やりなおして
みよう。

とくてん

てん

43 いろいろな かたち ④

はじめ
じ　ふん
▼
おわり
じ　ふん

むずかしさ
★★★

月　日　なまえ

1 ひだりの つみきを まえから みると, どんな かたちに みえ
ますか。( )に ○を つけましょう。　〔1もん 15てん〕

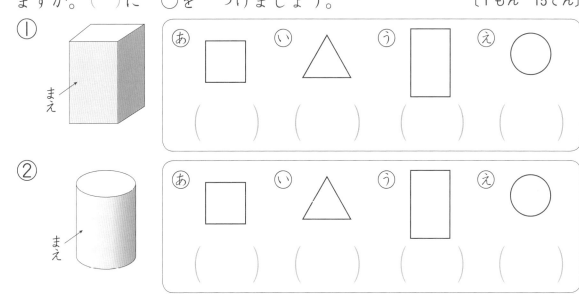

① まえ

あ □　い △　う □　え ○
( )　( )　( )　( )

② まえ

あ □　い △　う □　え ○
( )　( )　( )　( )

2 ひだりの つみきを うえから みると, どんな かたちに みえ
ますか。( )に ○を つけましょう。　〔1もん 15てん〕

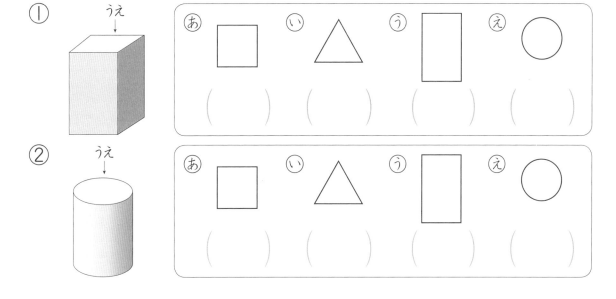

① うえ

あ □　い △　う □　え ○
( )　( )　( )　( )

② うえ

あ □　い △　う □　え ○
( )　( )　( )　( )

©くもん出版
85

3 したの つみきを うえと まえから みると, どんな かたちに みえますか。みぎの なかから えらんで ○を つけましょう。

〔15てん〕

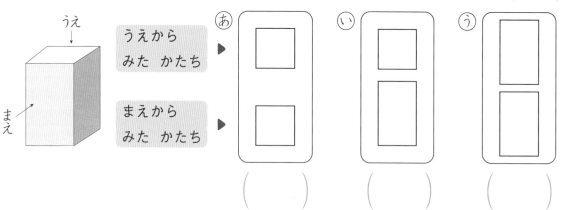

4 ⓐから ⓔの つみきを うえと まえから みた かたちを さがして, せんで つなぎましょう。　〔ぜんぶ できて 25てん〕

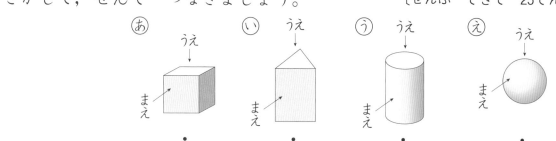

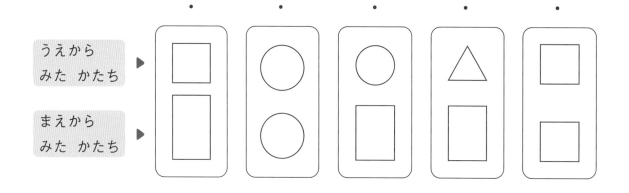

©くもん出版

ちかくに ある いろいろな かたちの ものを,
うえと まえから みて みよう。

とくてん

86

てん

月　日　なまえ

1　したの　かたちは　⑯の　いろいたが　なんまいで　できますか。
せんを　かいて　かんがえましょう。　　　　〔1もん　5てん〕

①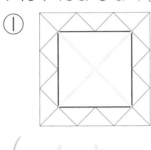

②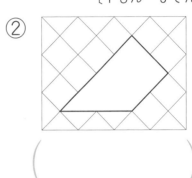

（　4まい　）　　　（　　　　　）

③ 　　　　　　　　④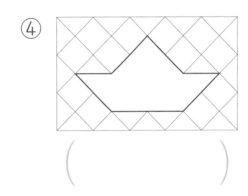

（　　　　　）　　　（　　　　　）

2　・と　・を　せんで　つないで，かたちを　つくります。おなじ
かたちを　みぎの　ずに　かきましょう。　　　〔1もん　15てん〕

①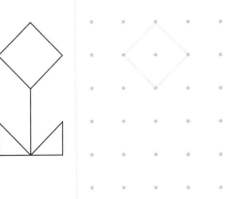

②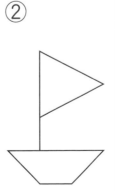

3 ぼうを つかって すうじを つくりました。うごかした あとの かずの うち、もとの かずの ぼうを 1ぽんだけ うごかして できたものを えらんで、ぜんぶに ○を かきましょう。

〔ぜんぶ できて 20てん〕

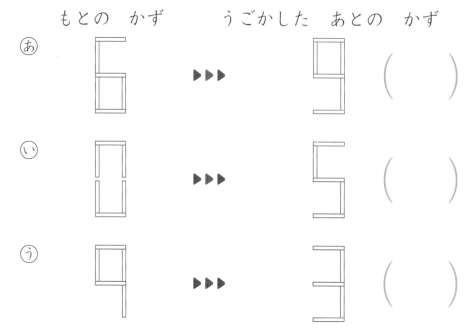

もとの かず　　　うごかした あとの かず

あ　　6　▶▶▶　9　（　）

い　　　　▶▶▶　5　（　）

う　　9　▶▶▶　3　（　）

4 いろいたを 1まいだけ うごかして かたちを かえます。あから え、かから けの なかから、うごかす いろいたを 1まいずつ えらんで（ ）に かきましょう。　　〔1もん 15てん〕

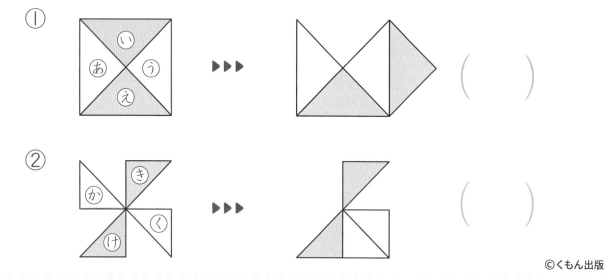

①　　（　）

②　　（　）

©くもん出版

かたちを よく みて、まちがえた もんだいは、もう いちど やりなおして みよう。

とくてん

88　　　　　　　　　　　　　　　　　　　　てん

かずしらべ

1 うさぎ，ねこ，あひる，さるが，それぞれ　なんびき　いるか
しらべます。ならべかえて　みぎの　ずに　せいりしました。

〔1もん　10てん〕

　▶▶▶　

① うさぎは　なんびき　いますか。

(　　　　びき)

② うさぎと　おなじ　かずの　どうぶつは　なんですか。

(　　　　　　　)

③ いちばん　かずの　おおい　どうぶつは　なんですか。

(　　　　　　　)

④ いちばん　かずの　すくない　どうぶつは　なんですか。

(　　　　　　　)

2 くだものが，それぞれ いくつ あるか しらべます。

〈れい〉　　　　　　　　〔1もん 12てん〕

みかん	りんご	すいか	いちご

① くだものの かずを かぞえて，〈れい〉の みかんの ように
　 あてはまる かずだけ くだものを ぬりつぶしましょう。

② りんごは いくつ ありますか。

（　　　　　つ）

③ いちばん かずの おおい くだものは なんですか。

（　　　　　　）

④ いちばん かずの すくない くだものは なんですか。

（　　　　　　）

⑤ みかんと いちごは，どちらの ほうが かずが おおいですか。

（　　　　　　）

©くもん出版

つぎは しんだんテストだよ。まちがえた もんだいは，
もう いちど やりなおして みよう。

とくてん

90　　　　　　　　　　　　　　　　　　　　　　　　てん

46 **しんだん テスト** ①

月 日 なまえ

1 したの ぼうや キャラメルの かずを □に かきましょう。

〔1もん 5てん〕

①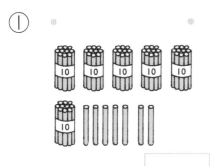

□ ほん

②

□ こ

2 □に あう かずを かきましょう。　〔□1つ 5てん〕

① 10を 7つと 1を 6つ あわせると, □ です。

② 10を 10 あつめた かずは □ です。

③ 68は 10を □ つと 1を □ つ あわせた かずです。

3 かずの おおきい ほうの ( )に ○を かきましょう。

〔1もん 10てん〕

① 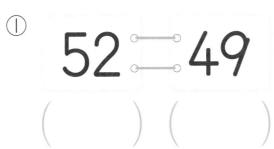 52 49 　　② 68 86

( ) ( ) 　　( ) ( )

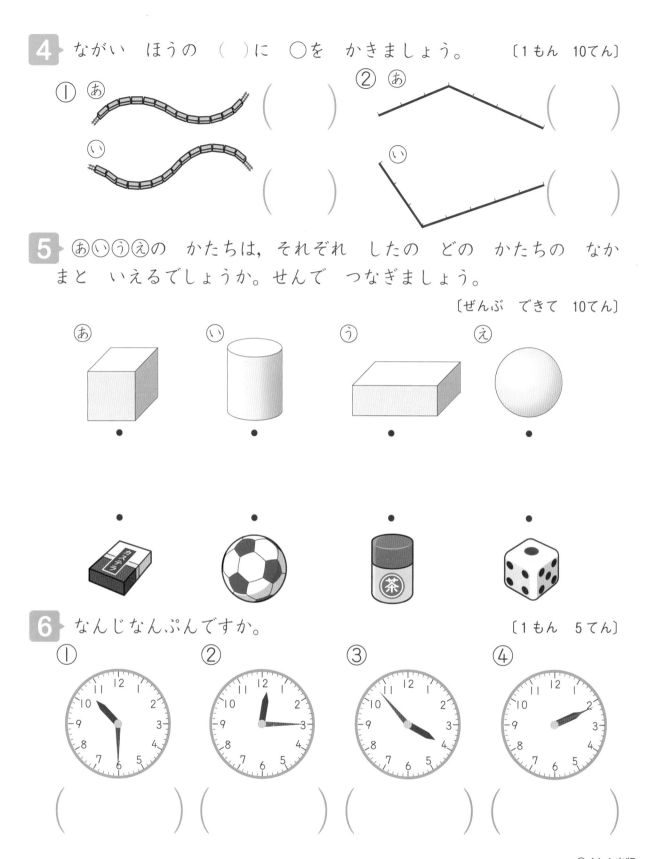

4 ながい ほうの （ ）に ○を かきましょう。 〔1もん 10てん〕

① あ （　　）
　 い （　　）

② あ （　　）
　 い （　　）

5 あいうえの かたちは, それぞれ したの どの かたちの なか まと いえるでしょうか。せんで つなぎましょう。

〔ぜんぶ できて 10てん〕

あ　　　　　い　　　　　う　　　　　え

6 なんじ なんぷんですか。 〔1もん 5てん〕

① （　　　　　）　② （　　　　　）　③ （　　　　　）　④ （　　　　　）

いままで べんきょうした ことを よく
おもいだして, がんばろう。

とくてん　　　　てん

しんだん テスト ②

月 日　なまえ

1 したの ↓の ところの かずを □に かきましょう。〔□1つ 3てん〕

①

②

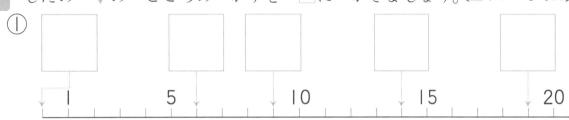

2 □に あう かずを かきましょう。　〔□1つ 3てん〕

① 60より 2 おおきい かずは [　　] です。

② 60より 2 ちいさい かずは [　　] です。

③ 39より 2 おおきい かずは [　　] です。

④ 39より 2 ちいさい かずは [　　] です。

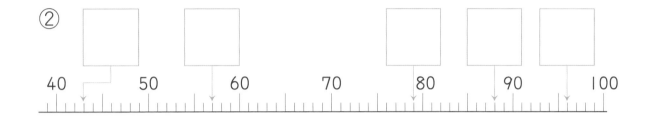

⑤ 64 – 66 – [　] – 70 – [　] – 74 – 76 – [　]

⑥ 23 – 33 – [　] – 53 – 63 – [　] – 83 – [　]

3 ひだりの つみきを うつしとって できる かたち ぜんぶに
○を つけましょう。 〔1もん 10てん〕

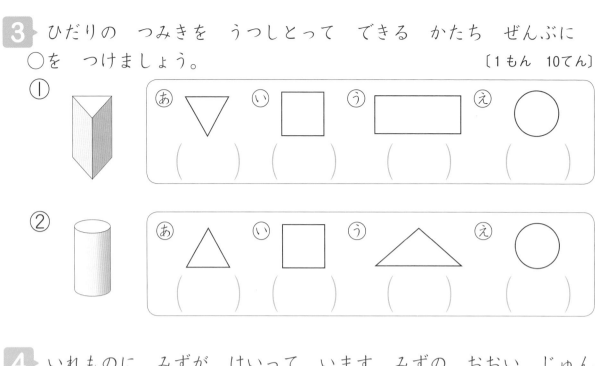

① あ ( ) い ( ) う ( ) え ( )

② あ ( ) い ( ) う ( ) え ( )

4 いれものに みずが はいって います。みずの おおい じゅん
に （ ）に 1，2，3と ばんごうを かきましょう。

〔ぜんぶ できて 10てん〕

あ ( )　　い ( )　　う ( )

5 あおと あかでは，どちらが ひろいでしょうか。 〔1もん 5てん〕

①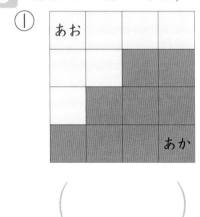

( )

②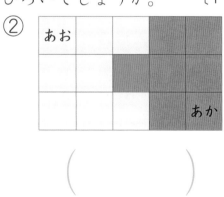

( )

さいごまで よく がんばったね。できなかった
ところは ふくしゅうして おこう。

とくてん

てん

こたえ

1年生　すう・りょう・ずけい

1　10までの　かず　① 1・2ページ

1 ①

•	••	•••	••••	•••••
1	2	3	4	5

②

••••	•••	••	•	
4	3	2	1	0

③

6	7	8	9	10

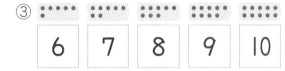

④

10	9	8	7	6

2 ①2　②4　③3　④5　⑤6
　⑥8　⑦7　⑧9　⑨10　⑩7

ポイント

1から　10までの　かずを　かぞえて,
すうじで　かきます。

ときかた

1 ②　なにも　ないことを　「れい」と
　　いい,「0」と　かきます。
2 　　えを　ゆびで　さしながら,こえを
　　だして　かぞえましょう。

2　10までの　かず　② 3・4ページ

1 ①5　②8　③9　④6
2 ①（● 6つ、○ 3つ）　②（● 5つ、○ 5つ）
　③（● 8つ）

---

③

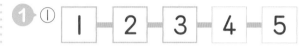

•••	••	•	
3	2	1	0

4 ①（ひだりから）3，2，1，0
　②3，2，0　③1，0，3

3　10までの　かず　③ 5・6ページ

1 ①

1	2	3	4	5

②

6	7	8	9	10

③

10	9	8	7	6

④

4	3	2	1	0

2 ① 1 2 **3 4** 5 6 **7 8** 9 10
② 10 **9** 8 7 **6 5 4 3** 2 1

3 ①

2	4	6	8	10

②

2	4	6	8	10

③

2	4	6	8	10

4 ① **1** 2 3 4 5 6 7 8 9 10
② 1 2 3 4 5 6 7 8 9 **10**
③ 1 2 3 4 5 6 7 8 9 **10**
④ **2** 4 6 8 10　⑤ **3** 2 1 0

ポイント

1から 10までの かずを じゅんばん
に かきます。どんな じゅんばんで
ならんで いるのか きを つけて かき
ましょう。

・・・・・・・・・・・・・・・・・・・・・・・・・・・・・

ときかた

1 ③④ かずが 1ずつ ちいさく
なって います。

3 「2, 4, 6, 8, …」と かずが
2ずつ おおきく なって います。

ポイント

1から 10までの かずの, おおい
（おおきい） すくない（ちいさい）を かん
がえます。

・・・・・・・・・・・・・・・・・・・・・・・・・・・・・

ときかた

4 ① 2より 1 おおきい かずは
3です。

5 ① 4より 1 ちいさい かずは
3です。

---

4 10までの かず ④ 7・8ページ

1 ①

 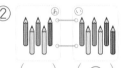

（ ○ ） （ ） （ ） （ ○ ）

③

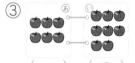 

（ ） （ ○ ） （ ） （ ）

2 ①

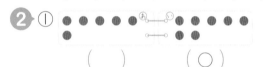

（ ） （ ○ ）

②

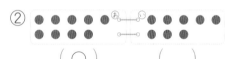

（ ○ ） （ ）

3 ①

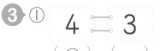 ②

（ ○ ） （ ） （ ） （ ○ ）

③

 ④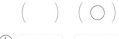

（ ○ ） （ ） （ ○ ） （ ）

4 ①3 ②2 ③7 ④10

5 ①3 ②4 ③7 ④9

---

5 10までの かず ⑤ 9・10ページ

1 ①

②

2 ①

②

3 ①●●●●●○○ ②○○○○●●○○

4 ①3ばんめ ②2ばんめ

③そうた ④さくら

ポイント

「まえから ○にん」と 「まえから ○に
んめ」の ちがいに ちゅういします。

・・・・・・・・・・・・・・・・・・・・・・・・・・・・・

ときかた

1 ①「まえから 3にん」なので, 3に
ん みんなに いろを ぬります。

② 「まえから 3にんめ」は 3にん
めの ひと ひとりだけです。

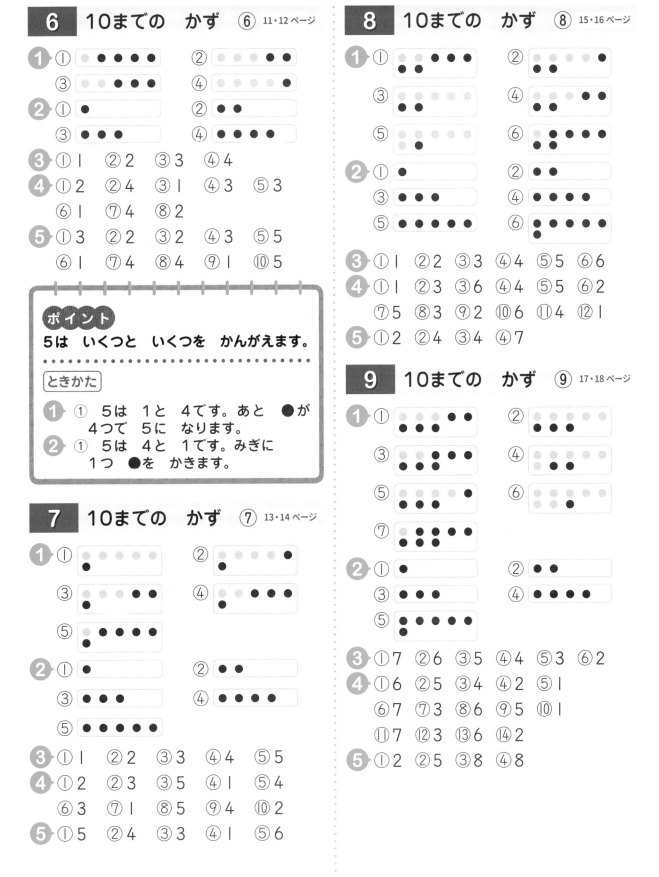

6 10までの かず ⑥ 11・12ページ

1 ①●●●● ②●●●
③●●● ④●●●

2 ①● ②●●
③●●● ④●●●●

3 ①1 ②2 ③3 ④4

4 ①2 ②4 ③1 ④3 ⑤3
⑥1 ⑦4 ⑧2

5 ①3 ②2 ③2 ④3 ⑤5
⑥1 ⑦4 ⑧4 ⑨1 ⑩5

ポイント
5は いくつと いくつを かんがえます。
• •
ときかた
1 ① 5は 1と 4です。あと ●が
4つで 5に なります。
2 ① 5は 4と 1です。みぎに
1つ ●を かきます。

7 10までの かず ⑦ 13・14ページ

1 ①● ②●
③●● ④●●●
⑤●●●●

2 ①● ②●●
③●●● ④●●●●
⑤●●●●●

3 ①1 ②2 ③3 ④4 ⑤5

4 ①2 ②3 ③5 ④1 ⑤4
⑥3 ⑦1 ⑧5 ⑨4 ⑩2

5 ①5 ②4 ③3 ④1 ⑤6

8 10までの かず ⑧ 15・16ページ

1 ①●●● ②●
●● ●●
③●● ④●●●
●●
⑤ ⑥●●●

2 ①● ②●●
③●●● ④●●●
⑤●●●●● ⑥●●●
●

3 ①1 ②2 ③3 ④4 ⑤5 ⑥6

4 ①1 ②3 ③6 ④4 ⑤5 ⑥2
⑦5 ⑧3 ⑨2 ⑩6 ⑪4 ⑫1

5 ①2 ②4 ③4 ④7

9 10までの かず ⑨ 17・18ページ

1 ①●●●● ②●●●
●●●
③●● ④●●
●● ●
⑤●●● ⑥●●
●● ●
⑦●●●
●●●

2 ①● ②●●
③●●● ④●●●●
⑤●●●●●

3 ①7 ②6 ③5 ④4 ⑤3 ⑥2

4 ①6 ②5 ③4 ④2 ⑤1
⑥7 ⑦3 ⑧6 ⑨5 ⑩1
⑪7 ⑫3 ⑬6 ⑭2

5 ①2 ②5 ③8 ④8

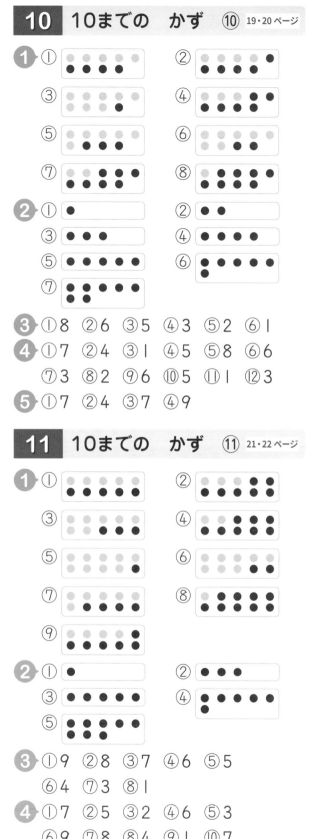

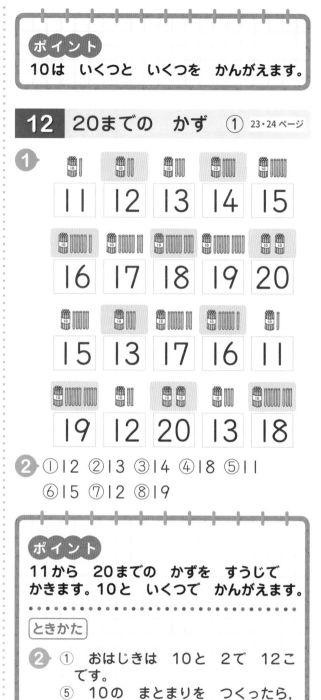

13 20までの かず ② 25・26ページ

1 ①12 ②15 ③19
2 ①11 ②13 ③17
3 ①12 ②14 ③14 ④15 ⑤17
　⑥13 ⑦20 ⑧18

ポイント
2ずつや 5ずつを まとめて かぞえましょう。

・・・・・・・・・・・・・・・・・・・・・・・・・・・

ときかた
1 ① 「2, 4, 6, 8, …」と 2ずつ まとめて かぞえます。
2 ① 「5, 10, …」と 5ずつ まとめて かぞえます。

---

14 20までの かず ③ 27・28ページ

1 ①1 ②2 ③3 ④4 ⑤5
　⑥6 ⑦7 ⑧8 ⑨9 ⑩10
2 ①10 ②10 ③10 ④10 ⑤10
　⑥10 ⑦10 ⑧10 ⑨10 ⑩10
3 ①11 ②12 ③13 ④14 ⑤15
　⑥16 ⑦17 ⑧18 ⑨19 ⑩20
4 ①5 ②7 ③8 ④4 ⑤10
5 ①16 ②12 ③19 ④11 ⑤13

ポイント
11から 20までの かずを 10と いくつで かんがえます。
「11は 10と □」「11は □と 1」
「10と 1で □」と 3つの みかたを れんしゅうしましょう。

---

15 20までの かず ④ 29・30ページ

1
① 1 2 3 4 5 6 7 8 9 10 / 11 12 13 14 15 16 17 18 19 20
② 1 2 3 4 5 6 7 8 9 10 / 11 12 13 14 15 16 17 18 19 20
③ 1 2 3 4 5 6 7 8 9 10 / 11 12 13 14 15 16 17 18 19 20
④ 1 2 3 4 5 6 7 8 9 10 / 11 12 13 14 15 16 17 18 19 20
⑤ 1 2 3 4 5 6 7 8 9 10 / 11 12 13 14 15 16 17 18 19 20

2
① 1 2 3 4 5 6 7 8 9 10 / 11 12 13 14 15 16 17 18 19 20
② 1 2 3 4 5 6 7 8 9 10 / 11 12 13 14 15 16 17 18 19 20
③ 1 2 3 4 5 6 7 8 9 10 / 11 12 13 14 15 16 17 18 19 20
④ 1 2 3 4 5 6 7 8 9 10 / 11 12 13 14 15 16 17 18 19 20
⑤ 1 2 3 4 5 6 7 8 9 10 / 11 12 13 14 15 16 17 18 19 20

ポイント
11から 20までの かずを じゅんばんに かきます。すうじの ならびかたを おぼえましょう。

1 ① 10-11-12-13-14-15
② 15-16-17-18-19-20
③ 20-19-18-17-16-15
④ 14-13-12-11-10-9

2 ① 8 9 10 11 12 13 14 15 16 17
② 20 19 18 17 16 15 14 13 12 11
③ 18 17 16 15 14 13 12 11 10 9

3 ① 12-13-14 ② 17-18-19
③ 15-14-13 ④ 20-19-18

4 ① 12-13-14-15-16-17
② 18-17-16-15-14-13
③ 10-12-14-16-18-20
④ 20-18-16-14-12-10

ポイント
20までの かずを じゅんばんに かきます。どんな じゅんばんで ならんで いるのか きを つけて かきましょう。
・・・・・・・・・・・・・・・・・・・・・・・・
ときかた

1 ③④ かずが 1ずつ ちいさく なって います。
4 ③ 「10, 12, …」と かずが 2ずつ おおきく なって います。

1 ①(ひだりから)2, 6
②0, 3, 8, 10
③1, 7, 11, 14
④3, 7, 10, 13, 19
⑤0, 4, 8, 12, 18

2 ①(ひだりから)5, 7, 12, 15
②9, 13, 16, 18
③2, 4, 6, 8, 10
④2, 4, 6, 8, 10
⑤0, 2, 4, 6, 8, 10, 12, 14, 16, 18, 20
⑥0, 2, 4, 6, 8, 10, 12, 14, 16, 18, 20

ポイント
かずのせんの めもりは, みぎに 1ずつ おおきく なって いきます。

1 ①11 ②19 ③13 ④16 ⑤17 ⑥20
2 ①10 ②16 ③14 ④13 ⑤11 ⑥19
3 ①12 ②8 ③17 ④13
4 ①13 ②7 ③18 ④12

ポイント
20までの かずの おおきさを かずの せんで かんがえます。かずのせんで, みぎに あるのは おおきい かず, ひだりに あるのは ちいさい かずです。
・・・・・・・・・・・・・・・・・・・・・・・・
ときかた

1 ① かずのせんで, 10の 1つ みぎの かずは 11です。

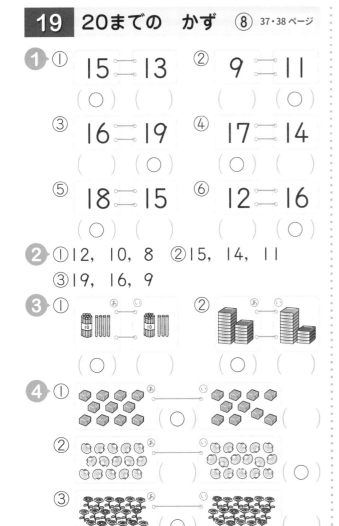

19 20までの かず ⑧ 37·38ページ

① ① 15－13 ② 9－11
（○）（ ） （ ）（○）

③ 16－19 ④ 17－14
（ ）（○） （○）（ ）

⑤ 18－15 ⑥ 12－16
（○）（ ） （ ）（○）

② ①12, 10, 8 ②15, 14, 11
③19, 16, 9

③ ①（○）（ ） ②（○）（ ）

④ ①（ ○ ）（ ）
②（ ）（ ○ ）
③（ ○ ）（ ）
④（ ）（ ○ ）

20 おおきな かず ① 39·40ページ

① ①16 ②22 ③35 ④58 ⑤69
⑥84 ⑦92 ⑧100 ⑨103 ⑩116
② ①43 ②34 ③78 ④57 ⑤106

21 おおきな かず ②　41・42 ページ

1 ①25 ②37 ③59 ④47 ⑤62
　⑥84 ⑦79 ⑧98

2 ①2, 8 ②8, 6 ③6, 9
　④70　　⑤50　　⑥80
　⑦100　⑧4　　⑨9　　⑩10

22 おおきな かず ③　43・44 ページ

1 ①2　②5

2 ①2, 7 ②4, 3 ③3, 0

3 ①7, 6 ②5, 1 ③8, 0
　④9, 1 ⑤7, 3 ⑥0, 9

4 ①41 ②60 ③50 ④67

ポイント
くらいごとに かずを かんがえると,
おおきさが わかりやすく なります。

23 おおきな かず ④　45・46 ページ

1

1	2	3	4	5	6	7	8	9	10
11	12	13	14	15	16	17	18	19	20
21	22	23	24	25	26	27	28	29	30
31	32	33	34	35	36	37	38	39	40
41	42	43	44	45	46	47	48	49	50
51	52	53	54	55	56	57	58	59	60
61	62	63	64	65	66	67	68	69	70
71	72	73	74	75	76	77	78	79	80
81	82	83	84	85	86	87	88	89	90
91	92	93	94	95	96	97	98	99	100
101	102	103	104	105	106	107	108	109	110
111	112	113	114	115	116	117	118	119	120

2 ①②

1	2	3	4	5	6	⑦	8	9	10
11	12	13	14	15	16	⑦	18	19	20
21	22	23	24	25	26	⑦	28	29	30
31	32	33	34	35	36	⑦	38	39	40
41	42	43	44	45	46	⑦	48	49	50
51	52	53	54	55	56	⑦	58	59	60
61	62	63	64	65	66	⑦	68	69	△
△	△	△	△	△	△	△⑦	△	△	80
81	82	83	84	85	86	⑦	88	89	90
91	92	93	94	95	96	⑦	98	99	100
101	102	103	104	105	106	⑦	108	109	110
111	112	113	114	115	116	⑦	118	119	120

③10, 20, 30, 40, 50, 60, 70,
　80, 90, 100, 110, 120

ポイント
1から 120までの かずの ならびかた
を ずに まとめて かんがえます。

ときかた
2　よこや たてに ならんで いる
かずを みて, ならびかたの きまり
を みつけましょう。

24 おおきな かず ⑤　47・48 ページ

1 ① 33－34－35－36－37－38－39－40
② 68－69－70－71－72－73－74－75
③ 80－81－82－83－84－85－86－87
④ 99－100－101－102－103－104－105－106
⑤ 51－50－49－48－47－46－45－44
⑥ 100－99－98－97－96－95－94－93
⑦ 65－64－63－62－61－60－59－58
⑧ 120－119－118－117－116－115－114－113

② ① 40 - 50 - 60 - 70 - 80 - 90 - 100 - 110

② 6 - 8 - 10 - 12 - 14 - 16 - 18 - 20

③ 50 - 55 - 60 - 65 - 70 - 75 - 80 - 85

④ 70 - 60 - 50 - 40 - 30 - 20 - 10 - 0

⑤ 84 - 82 - 80 - 78 - 76 - 74 - 72 - 70

⑥ 100 - 95 - 90 - 85 - 80 - 75 - 70 - 65

⑦ 12 - 22 - 32 - 42 - 52 - 62 - 72 - 82

⑧ 24 - 34 - 44 - 54 - 64 - 74 - 84 - 94

⑨ 6 - 16 - 26 - 36 - 46 - 56 - 66 - 76

⑩ 98 - 88 - 78 - 68 - 58 - 48 - 38 - 28

ポイント

おおきな かずを じゅんばんに かきます。かずが つづいて ならんで いる ところで, どんな じゅんばんかを かんがえます。

ときかた

① ⑤⑥⑦⑧ かずが 1ずつ ちいさく なって います。

② ① 「60, 70, 80, …」と かずが 10ずつ おおきく なって います。

⑤ 「84, 82, …」と かずが 2ずつ ちいさく なって います。

25 おおきな かず ⑥ 49・50ページ

① ①(ひだりから)1, 11, 16, 21, 26

②22, 28, 32, 42, 48

③25, 34, 37, 41, 45

④43, 53, 57, 63, 67

⑤44, 49, 58, 65, 69

---

② ①(ひだりから)41, 51, 61, 66, 76

②45, 56, 62, 72, 78

③64, 74, 84, 89, 94

④73, 85, 96, 101, 107

⑤66, 77, 89, 102, 114

ポイント

かずのせんの めもりは, みぎに 1ずつ おおきく なって いきます。

26 おおきな かず ⑦ 51・52ページ

① ①12 ②8 ③22 ④18

② ①93 ②87 ③103 ④97

③ ①28 ②39 ③70 ④91

④ ①58 ②80 ③99 ④110

⑤ ①(おおきい かず)40

(ちいさい かず)36

②(おおきい かず)51

(ちいさい かず)47

ポイント

おおきな かずの おおきさを かずのせんで かんがえます。

ときかた

① ③ 20より 2 おおきい かずは, かずのせんで 20の 2つ みぎの かずです。

② ④ 100より 3 ちいさい かずは, かずのせんで 100の 3つ ひだりの かずです。

27 おおきな かず ⑧ 53・54ページ

1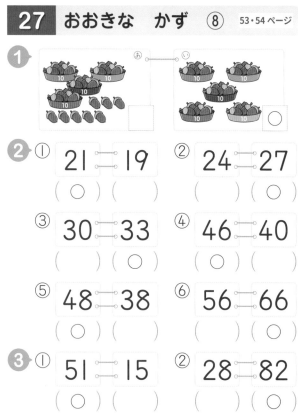

2 ① 21 — 19
(○) ( )

② 24 — 27
( ) (○)

③ 30 — 33
( ) (○)

④ 46 — 40
(○) ( )

⑤ 48 — 38
(○) ( )

⑥ 56 — 66
( ) (○)

3 ① 51 — 15
(○) ( )

② 28 — 82
( ) (○)

③ 79 — 83
( ) (○)

④ 64 — 47
(○) ( )

⑤ 99 — 100
( ) (○)

⑥ 105 — 110
( ) (○)

4 ①23, 21, 12 ②90, 19, 9
③74, 71, 47 ④96, 89, 69

ポイント

120までの かずの おおきさを くらべます。

・・・・・・・・・・・・・・・・・・・・・・・・・・・・・

ときかた

1 あは 48, いは 50です。

2 まず, 十のくらいの すうじを
くらべます。一のくらいが どんな
すうじでも, 十のくらいが おおきい
ほうが おおきいです。
　十のくらいの すうじが おなじ
ときは, 一のくらいで くらべます。

---

28 な が さ ① 55・56ページ

1 ①× ②○ ③× ④× ⑤×

2 あ2 い1 う3

3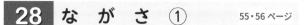
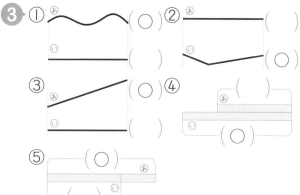

4 あ3 い1 う2

ときかた

1 はしを そろえて くらべます。

3 ①②③ まがって いたり ななめに
なって いる せんを まっすぐに
のばすと, おなじ はばの まっす
ぐな せんより ながく なります。

29 な　が　さ　②

57・58 ページ

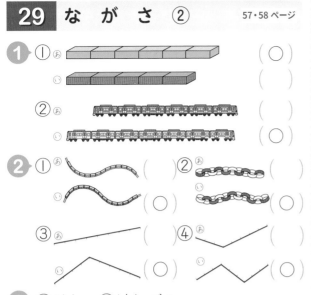

1 ①ⓐ（　）
ⓘ（　）
②ⓐ（　）
ⓘ（○）

2 ①ⓐ（　）②ⓐ（　）
ⓘ（○）ⓘ（○）
③ⓐ（　）④ⓐ（　）
ⓘ（○）ⓘ（○）

3 ①はし　②けしゴム

4 ①あお，2
②あお，3

> ### ポイント
> ながさは，もとに　する　おおきさが
> いくつぶん　あるかで　くらべる　ことが
> できます。
> ・・・・・・・・・・・・・・・・・・・・・・・・・・
> とききかた
>
> **1** ①　ⓐは　6こぶん，ⓘは　5こぶん
> なので，ⓐの　ほうが　ながいです。
> **3** はしは　ますの　10こぶん，
> けしゴムは　ますの　4こぶんです。

30 かさ（たいせき）

59・60 ページ

1 ①ⓐ2　ⓘ3　ⓊI
②ⓐ3　ⓘI　Ⓤ2
③ⓐI　ⓘ3　Ⓤ2
④ⓐI　ⓘ2　Ⓤ3

2 ⓐI　ⓘ2　Ⓤ3

3 はるとさん

4 やかん，2

5 ⓐ2　ⓘI　Ⓤ3

> ### ポイント
> かさ（たいせき）は，はしを　そろえた
> ときの　たかさや　もとに　する　おおき
> さが　いくつぶん　あるかで，くらべます。
> ・・・・・・・・・・・・・・・・・・・・・・・・・・
> とききかた
>
> **1** ③　みずの　たかさは　おなじなので，
> いれものの　はばが　おおきい
> ほうに　みずが　おおく　はいって
> います。
> **3** コップの　かずが　おおい　ほうが，
> みずが　おおいです。

31 ひろさ（めんせき）

61・62 ページ

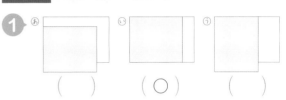

ⓐ（　）　ⓘ（○）　Ⓤ（　）

2 ①7つぶん　②9つぶん　③あか
④2つぶん

3 ①あお　②あお

4

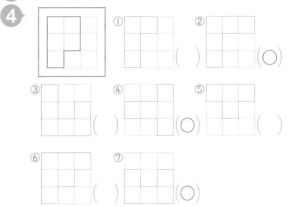

①（　）②（○）
③（　）④（○）⑤（　）
⑥（　）⑦（○）

32　と　け　い　①

1 ①１じ　②２じ　③３じ　④５じ
　　⑤４じ　⑥６じ

2 ①８じ　②10じ　③11じ　④12じ

3 ①９じはん　②11じはん
　　③１じはん　④５じはん
　　⑤11じはん　⑥12じはん

4 ①２じはん　②４じはん
　　③６じはん　④10じはん

ポイント

「なんじ」と　「なんじはん」の　とけいを
よみます。

．．．．．．．．．．．．．．．．．．．．．．．

ときかた

1　「なんじ」の　とけいは　ながい
はりが　12を　さします。
① みじかい　はりが　1を　さして
いるので　「1じ」です。

3　「なんじはん」の　とけいは　なが
い　はりが　6を　さします。
① みじかい　はりは　9と　10の
あいだなので　「9じはん」です。

33　と　け　い　②

1 ①８じ　②８じ１ぷん
　　③８じ２ふん　④８じ３ぷん
　　⑤８じ４ぷん　⑥８じ５ふん

2 ①８じ２ふん　②８じ５ふん
　　③８じ１ぷん　④８じ４ぷん

3 ①８じ５ふん　②８じ６ぷん
　　③８じ７ふん　④８じ８ふん
　　⑤８じ９ふん　⑥８じ10ぷん

4 ①８じ８ふん　②８じ６ぷん
　　③８じ10ぷん　④８じ９ふん

ポイント

とけいは　みじかい　はりで　「なんじ」を，
ながい　はりで　「なんぷん」を　よみます。
ここでは　「○じ」から　「○じ10ぷん」
までの　とけいを　よみます。

．．．．．．．．．．．．．．．．．．．．．．．

ときかた

1　ながい　はりが　1から　なんめも
り　すすんで　いるかを　かぞえます。

3　ながい　はりが　とけいの　すうじ
の　1を　さすと　5ふん，2を　さ
すと　10ぷんです。

34　と　け　い　③

1 ①８じ５ふん　②６じ５ふん
　　③８じ４ぷん　④10じ４ぷん

2 ①２じ１ぷん　②７じ１ぷん
　　③９じ３ぷん　④６じ３ぷん
　　⑤４じ２ふん　⑥12じ４ぷん

3 ①８じ10ぷん　②11じ10ぷん
　　③８じ８ふん　④５じ８ふん

4
① 9 じ 6 ぷん　② 6 じ 6 ぷん
③ 10 じ 7 ふん　④ 2 じ 7 ふん
⑤ 1 じ 9 ふん　⑥ 12 じ 8 ふん

35　と　け　い　④　69・70ページ

1
① 8 じ 10 ぷん　② 8 じ 11 ぷん
③ 8 じ 12 ふん　④ 8 じ 13 ぷん
⑤ 8 じ 14 ふん　⑥ 8 じ 15 ふん

2
① 8 じ 11 ぷん　② 8 じ 15 ふん
③ 8 じ 13 ぷん　④ 8 じ 14 ふん

3
① 8 じ 15 ふん　② 8 じ 16 ぷん
③ 8 じ 17 ふん　④ 8 じ 18 ふん
⑤ 8 じ 19 ふん　⑥ 8 じ 20 ぷん

4
① 8 じ 17 ふん　② 8 じ 20 ぷん
③ 8 じ 21 ぷん　④ 8 じ 16 ふん

ポイント
「○じ 10 ぷん」から 「○じ 21 ぷん」 までの とけいを よみます。

ときかた

1　ながい はりが とけいの すうじ の 2を さすと 10ぷんです。 10ぷんから なんめもり すすんで いるかを かぞえます。

36　と　け　い　⑤　71・72ページ

1
① 8 じ 5 ふん　② 8 じ 10 ぷん
③ 8 じ 15 ふん　④ 8 じ 20 ぷん
⑤ 8 じ 25 ふん　⑥ 8 じ 30 ぷん
⑦ 8 じ 35 ふん　⑧ 8 じ 40 ぷん
⑨ 8 じ 45 ふん　⑩ 8 じ 50 ぷん
⑪ 8 じ 55 ふん　⑫ 8 じ 25 ふん

2
① 8 じ 15 ふん　② 5 じ 15 ふん
③ 8 じ 20 ぷん　④ 11 じ 20 ぷん

3
① 6 じ 40 ぷん　② 2 じ 35 ふん
③ 5 じ 50 ぷん　④ 7 じ 25 ふん
⑤ 4 じ 55 ふん　⑥ 10 じ 45 ふん

ポイント
ながい はりが とけいの すうじの 12 を さすと 0ふん, 1を さすと 5ふん, 2を さすと 10ぷんです。すうじが 1 ふえると, 5ふん すすみます。

ときかた

3　①　みじかい はりは 6と 7の あいだに あるので, この とけい は 「6じ40ぷん」 です。

37　と　け　い　⑥　73・74ページ

1
① 8 じ 11 ぷん　② 8 じ 13 ぷん
③ 8 じ 23 ぷん　④ 8 じ 34 ぷん
⑤ 8 じ 42 ふん　⑥ 8 じ 53 ぷん

2
① 8 じ 22 ふん　② 8 じ 31 ぷん
③ 8 じ 43 ぷん　④ 8 じ 54 ふん

3
① 8 じ 17 ふん　② 8 じ 19 ふん
③ 8 じ 26 ぷん　④ 8 じ 38 ふん
⑤ 8 じ 49 ふん　⑥ 8 じ 57 ふん

4
① 8 じ 28 ふん　② 8 じ 37 ふん
③ 8 じ 46 ぷん　④ 8 じ 59 ふん

38 と け い ⑦

75・76 ページ

1 ①9じ17ふん　②10じ17ふん
　③2じ17ふん　④3じ17ふん

2 ①1じ22ふん　②4じ22ふん
　③5じ49ふん　④2じ49ふん
　⑤11じ28ふん　⑥5じ28ふん

3 ①3じ47ふん　②1じ38ふん
　③4じ53ぷん　④4じ52ふん

4 ①4じ42ふん　②9じ21ぷん
　③10じ54ぷん　④11じ57ふん
　⑤9じ47ふん　⑥6じ33ぷん

39 と け い ⑧

77・78 ページ

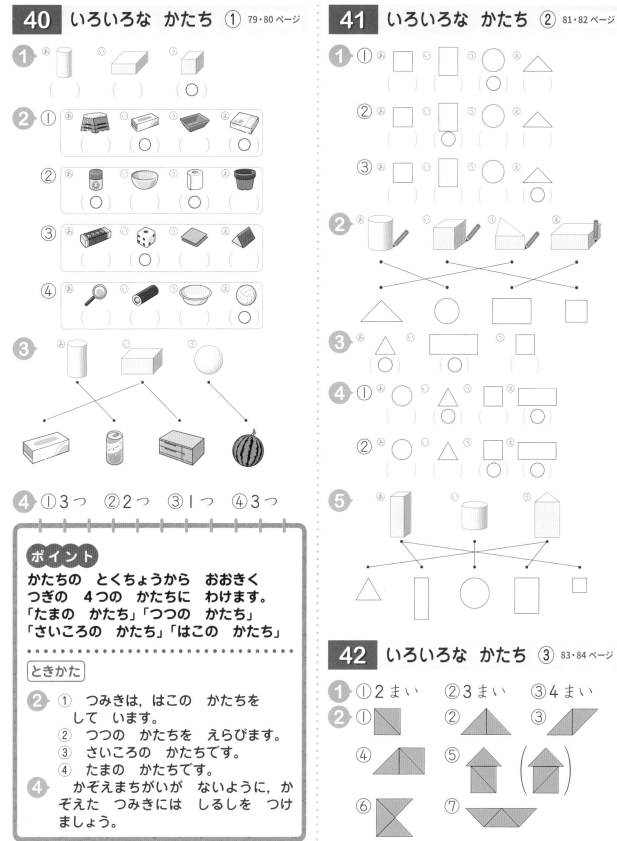

40 いろいろな かたち ① 79・80 ページ

1 ⓐ ⓑ ⓒ
( ) ( ) (◯)

2 ① ⓐ ⓑ ⓒ ⓓ
  ( ) (◯) ( ) ( )

② ⓐ ⓑ ⓒ ⓓ
  (◯) ( ) (◯) ( )

③ ⓐ ⓑ ⓒ ⓓ
  ( ) (◯) ( ) ( )

④ ⓐ ⓑ ⓒ ⓓ
  ( ) ( ) ( ) (◯)

3

4 ①3つ ②2つ ③1つ ④3つ

ポイント

かたちの とくちょうから おおきく
つぎの 4つの かたちに わけます。
「たまの かたち」「つつの かたち」
「さいころの かたち」「はこの かたち」

ときかた

2 ① つみきは, はこの かたちを
  して います。
② つつの かたちを えらびます。
③ さいころの かたちです。
④ たまの かたちです。
4 かぞえまちがいが ないように, か
ぞえた つみきには しるしを つけ
ましょう。

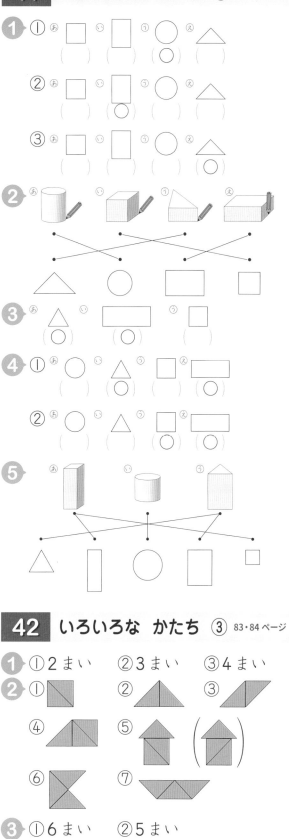

41 いろいろな かたち ② 81・82 ページ

1 ① ⓐ ⓑ ⓒ ⓓ
  ( ) ( ) (◯) ( )

② ⓐ ⓑ ⓒ ⓓ
  ( ) ( ) (◯) ( )

③ ⓐ ⓑ ⓒ ⓓ
  ( ) ( ) (◯) ( )

2

3 ⓐ ⓑ ⓒ
(◯) (◯) ( )

4 ① ⓐ ⓑ ⓒ ⓓ
  ( ) ( ) ( ) (◯)

② ⓐ ⓑ ⓒ ⓓ
  (◯) ( ) ( ) ( )

5

42 いろいろな かたち ③ 83・84 ページ

1 ①2まい ②3まい ③4まい
2 ① ② ③
  ④ ⑤ ( )
  ⑥ ⑦

3 ①6まい ②5まい

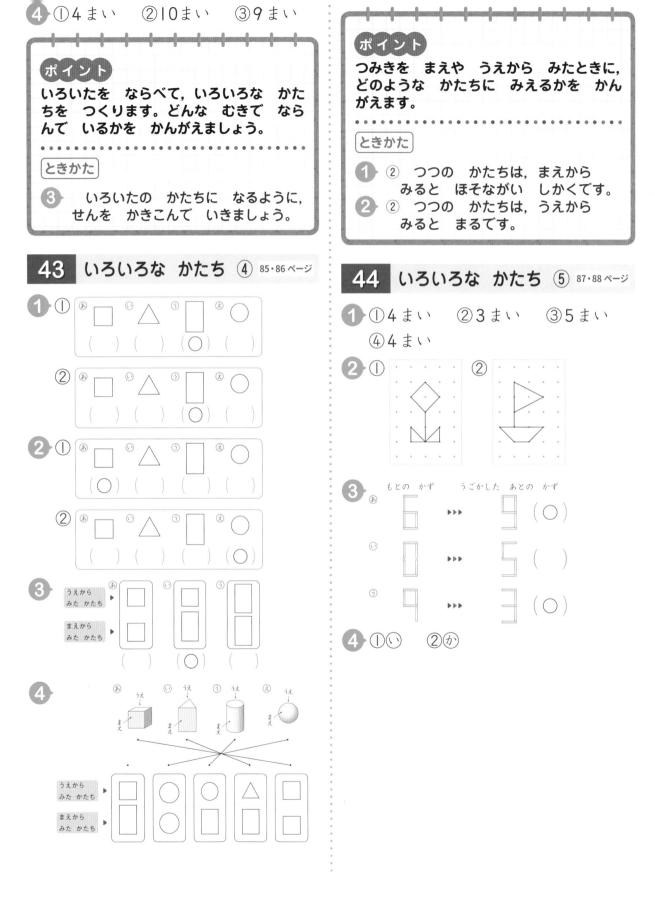

④①4まい　②10まい　③9まい

ポイント

いろいたを ならべて, いろいろな かたちを つくります。どんな むきで ならんで いるかを かんがえましょう。

ときかた

3　いろいたの かたちに なるように, せんを かきこんで いきましょう。

43 いろいろな かたち ④ 85・86ページ

1 ①
（ ）（ ）（○）（ ）

②
（ ）（ ）（○）（ ）

2 ①
（○）（ ）（ ）（ ）

②
（ ）（ ）（ ）（○）

3 うえから みた かたち　まえから みた かたち
（ ）（○）（ ）

4

うえから みた かたち　まえから みた かたち

ポイント

つみきを まえや うえから みたときに, どのような かたちに みえるかを かんがえます。

ときかた

1 ②　つつの かたちは, まえから みると ほそながい しかくです。
2 ②　つつの かたちは, うえから みると まるです。

44 いろいろな かたち ⑤ 87・88ページ

1 ①4まい　②3まい　③5まい
④4まい

2 ①　②

3 もとの かず　うごかした あとの かず
あ　▶▶▶　（○）
い　▶▶▶　（ ）
う　▶▶▶　（○）

4 ①い　②か

1年生　すう・りょう・ずけい

ときかた

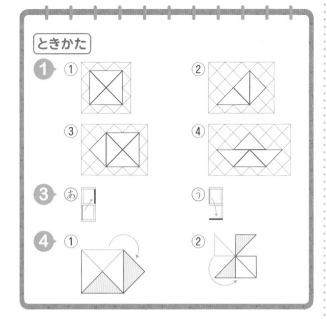

---

45 かずしらべ

89・90 ページ

1 ①3びき　　②さる
　　③ねこ　　　④あひる

2 ①

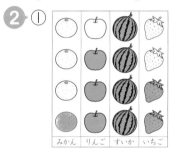

②3つ　　　③すいか
④みかん　　⑤いちご

ポイント

ものの　かずを　ずに　せいりすると,
かずの　ちがいが　わかりやすく　なりま
す。

・・・・・・・・・・・・・・・・・・・・・・・・・・・・

ときかた

2　かぞえまちがいが　ないように, か
ぞえた　くだものには　しるしを　つ
けましょう。

---

46 しんだん テスト ① 91・92 ページ

1 ①67　②54

2 ①76　②100　③6, 8

3 ① $52 \rightarrow 49$ 　②　$68 \rightarrow 86$

　　（ ○ ）（ 　 ）　　（ 　 ）（ ○ ）

4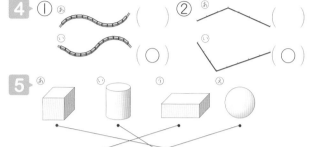

5

6 ①10じ30ぷん　②12じ15ふん
　　③3じ53ぷん　④2じ11ぷん

---

47 しんだん テスト ② 93・94 ページ

1 ①（ひだりから）0, 6, 9, 14, 19
　　②43, 57, 79, 88, 96

2 ①62　②58　③41　④37

　　⑤ 64－66－68－70－72－74－76－78

　　⑥ 23－33－43－53－63－73－83－93

3 ①

　　②

4 ⓐ2　ⓘ1　ⓤ3

5 ①あか　②あお

1年生　すう・りょう・ずけい
111